Frank Franke

TRAUMWELT DER BALLONE

Traumwelt der Ballone

Reisen mit den Launen des Windes

Fotos: Frank Franke
Texte: Frank Franke und Peter Vinzens

Pietsch Verlag Stuttgart

Einbandgestaltung: Johann Walentek, unter Verwendung eines Fotos des Autors.

Bildnachweis: Sämtliche Abbildungen entstammen dem Bildarchiv Frank Frankes.

ISBN 3-613-50238-0

1. Auflage 1995
Copyright © by Pietsch Verlag, Postfach 10 37 43, 70032 Stuttgart.
Ein Unternehmen der Paul Pietsch Verlage GmbH + Co.
Sämtliche Rechte der Speicherung, Vervielfältigung und Verbreitung sind vorbehalten.
Typografie + Layout: Stefanie Götz
Satz: Vaihinger Satz+Druck, 71665 Vaihingen an der Enz.
Reproduktionen: Repro Schmid, 70469 Stuttgart.
Druck: Gulde-Druck, 72070 Tübingen.
Bindung: H. Koch, 72072 Tübingen.
Printed in Germany.

Inhalt

6
Vorwort
der Autoren

10
Durch den Südwesten
der USA

38
Wüste, Wind
und Wilder Westen

100
Typisch Ballonfahren:
Erlebnisse in Österreich

114
80 Ballone
in Château d'Oex

124
Ballone über Mallorca:
Der Wettbewerb

138
Das 1. Internationale
Ballonfestival in der Rhön

142
Ballonfahren ist
anders

Vorwort der Autoren

Der Weg ist das Ziel

Übrigens: Es sind die Damen, die am meisten von Ballonen schwärmen. Da sagte doch eine Amerikanerin mittleren Alters, Ballonfahren sei einfach überwältigend charmant. Kräftige Männer in sportlichen Autos seien dabei. Außerdem gäbe es bei jedem Start Champagner und immer seien »pretty young women« dabei. Leider kannte diese Lady Ballonfahren wohl nur aus der Modezeitschrift, denn uns ist das alles nie passiert.

Trotzdem wollten wir natürlich auch mal Ballon fliegen – und schon mußten wir die erste Runde bezahlen. So lernten wir schnell, daß Ballone nicht geflogen, sondern gefahren werden. Manchmal, dies lernten wir auch bald, werden sie auch getragen. Und damit wären wir beim sportlichen Teil des Ballonfahrens.

Ballonfahrer verstehen sich als Sportler und nicht als eine ausgewählte Gruppe schwerreicher Menschen, die eben mal kleine Hüpfer veranstalten. Ballonfahren ist harte Arbeit, denn bis das Vergnügen beginnt, ist es eine böse Schufterei.

Wenn sich dann die so fragil scheinende Hülle mit dem kleinen Korb vom Boden gelöst hat, bedarf es eines versierten und mit dem siebten Sinn ausgestatteten Ballonkapitäns. Jahrelange Erfahrung ist nötig, um heil irgendwohin und dann auch runter zu kommen. Ungefährlich ist der Sport nicht. Menschen sind nämlich eigentlich nicht fürs Fliegen, Verzeihung, für's Fahren durch die Lüfte gebaut.

Das Vehikel, das benutzt werden muß, ist eigensinnig und selbständig, schwerfällig und auch ein bißchen verrückt. Daran muß man sich gewöhnen, daran muß man sich anpassen.

Mit dem Verrücktsein haben wir nie Schwierigkeiten gehabt und fanden uns dann auch in bester Gesellschaft mit anderen Ballonfahrern. Ein wenig spinnen sie alle. Das aber, und natürlich ein hohes Maß an Begeisterung, ist der Preis für eines der faszinierenden Ereignisse, das man erleben kann. Wenn der Korb abgehoben hat, sind sofort die Qualen des entsetzlich frühen Aufstehens vergessen, die Schufterei bis der Ballon endlich steht und an das Zusammenlegen und Abtransportieren denkt noch niemand. Dazu ist das Erlebnis zu groß.

Im österreichischen Filzmoos lernten wir die alte Frau Pasrugger kennen, eine 83jährige. Schon als Kind war sie immer in »ihre« Berge gestiegen, später dann auch, um dem Berg, wie sie sagte, ihre Sorgen zu erzählen. Ein armes Bauernkind war sie gewesen; leicht hatte sie es nie gehabt.

Wir hatten sie gebeten, in unserem Film aus ihrem Buch zu lesen und dabei hatte sie Ballonfahrer kennengelernt. Wir haben sie zur Mitfahrt eingeladen. Am nächsten Morgen kam sie in zünftiger Kleidung, so als wolle sie den Berg zu Fuß besteigen. Es war eine weite Fahrt geworden, hoch hinauf über die Bischofsspitze hinweg. Eine Fahrt, die sie wohl nie vergessen wird. Niemals zuvor hatte sie ihre geliebten Berge von oben gesehen. Nie zuvor aus der Höhe die Ruhe der Natur erleben können. Frei von Autolärm und Abgasen. Als Teil des Windes in der großen Stille der Höhe.

Ihre Begeisterung konnte sie nicht formulieren, man konnte sie ihr nur ansehen. Diese Begeisterung, diese Faszination des Schwebens, dieses Gefühl eins zu sein mit der Luft und dem Wind wollten wir vermitteln. Nicht jeder kann mit einem Ballon fahren, dafür gibt es nicht genug Ballone. Wir aber können die Geschichten erzählen, denen wir begegnet sind, die wir erleben durften. Die Daheimgebliebenen sollen sie miterleben.

Wir beschreiben in diesem Buch mehrere Reisen durch die USA von San Francisco nach Albuquerque in Neu Mexiko. Wir erzählen von der Fahrt über die Bay, gleiten hinweg über Alcatraz, der Gefängnisinsel, bis nach Richmont. Wir berichten, wie wir beinahe den Flughafen von Reno lahmlegten und auch darüber, daß wir in Death Valley fast verhaftet wurden. Wir besuchten die Indianer von Gallup, die sich selbst Dinee, »Menschen« nennen und über das großartige Spektakel, wenn 620 Heißluftballone während der größten Balloonfiesta in Albuquerque in mehreren Wellen starten.

Aber nicht nur in den USA haben wir Balloonisten kennengelernt. An vielen Orten der Welt – zum Beispiel im österreichischen Filzmoos oder in Mallorca – können diese Frauen und Männer dem Reiz sich von der Erde zu lösen nicht widerstehen und wir haben erfahren, daß man es nicht

Barron Hilton und Beatrice Weineck auf der Flying-M-Ranch in Nevada.

dabei belassen kann, das Erlebnis, mit den Launen des Windes zu reisen, den Hochglanzseiten eines Modemagazin zu entnehmen.

Das Buch hat Frank Franke fotografiert, dessen Begeisterung für die bunten Himmelskugeln ihn immer wieder dazu führt, mit der Kamera zu zeichnen, Momente eines besonderen Glücksgefühl festzuhalten.

Das Buch haben die Journalisten Peter Vinzens und Frank Franke geschrieben, die endlich auch mal etwas anderes berichten wollten, als von den Schrecken der Welt. Und sie wünschen sich, daß der Text nicht nur als Beiwerk zu den Fotos gesehen wird, sondern als wichtige Ergänzung zu den vielen Empfindungen, die sie hatten, den Erlebnissen, die ihnen begegneten. Sie haben gelernt zu beobachten: Bedeutendes und scheinbar Unwesentliches, Großes und Kleines, Wichtiges und Nebensächliches. Und sie haben gelernt sich darüber zu freuen, wenn ein großes Erlebnis die eigene Erfahrung bereichert. Deshalb haben sie über das Fahren mit dem Wind geschrieben.

Herausgekommen dabei ist kein Fachbuch für zukünftige Hochleistungssportler, keine Gebrauchsanleitung »Wie werde ich Ballonist«, sondern vielleicht eine Hymne auf den uralten Traum der Menschheit: Vom Glück zu schweben und in die Traumwelt der Ballone einzutauchen.

Durch den Südwesten der USA

Ein Phantom als Reisegefährte

Ein Ballon ist ein eigenwilliger Reisegefährte. Mit ihm unterwegs zu sein, bedarf der guten Vorbereitung und der notwendigen Utensilien für die große oder kleine Fahrt.

Manche der notwendigen Dinge, wie z.B. bestimmte DIN-genormte Anschlüsse für die Gasversorgung des Ballons, erhält man unterwegs nicht oder nur mit größten Schwierigkeiten.

Alles will bedacht sein, sonst wird aus der großen Fahrt der große Frust.

Hier einige der wichtigsten Ausrüstungsgegenstände, die mit uns reisen:

Der Korb des Phantomballons und die abgefackelten Gaszylinder, das alles zusammen mit der Hülle in den Korb hinein und dazu ein kleines 5-PS-Gebläse, mit dem der Ventilator zum Aufblasen, besser gesagt zum Kaltaufrüsten, gemeint ist. Dieses Ding macht einen Höllenlärm, gehört aber einfach dazu.

Zur weiteren Ausrüstung zählten mehrere Funk- und vier Sprechfunkgeräte, die besondere Dienste bei der Kommunikation zwischen den Fahrzeugen leisteten.

Da wir Starts auch in schwirigen Gebieten, wie z.B. in der Nähe von Verkehrsflughäfen vorhatten, gehörte natürlich auch ein Transponder ins Gepäck. Der dient dazu, den Flugüberwachungsstellen Standort und Kennzeichen des Ballons anzugeben.

Besonders wichtig war das verschiedenste Kartenmaterial. Dazu gehörten: Luftfahrtkarten, aber auch Straßenkarten für die Verfolgerfahrzeuge.

In Amerika wurden zusätzlich ONC-Karten gekauft. Das sind Operational Navigation Charts in der Größe 1:500 000 und die normalen Luftfahrtkarten 1:250 000. Da diese Karten in Deutschland schlecht zu bekommen sind, haben wir sie auf einem kleinen Flughafen in der Nähe von San Francisco gekauft.

Der Ballon wurde am 16. September in Hamburg per Luftfracht aufgegeben und erreichte mit unserem Flugzeug am 20. September San Francisco.

Mit einem Ballon zu reisen ist aufwendig, wenn dann allerdings noch ein Fernsehteam und ein Fotograf dabei sind, wird's so richtig spannend.

Die Gesichter der Airline-Angestellten, am Counter in Frankfurt, zeigten größte Verblüffung. Ihr Blick eilte durch die Flughafenhalle in Erwartung weiterer Scharen von mitreisenden Passagieren, die noch kommen müßten, als sie den Berg Gepäck auf sich zukommen sahen. Aber da waren eben nur wir.

Glücklicherweise hatten wir die Eingebung gehabt, unser »Übergepäck« bereits vorher bei der Airline anzumelden und dazu auch die nötigen Gewichtsschätzungen. Aber das waren eben mehr Schätzungen und die kamen vorrangig von Frank, und dessen Schätzungen sind gefürchtet. Aber das wußten die Airline-Angestellten eben nicht. Da standen wir also mit dem Fernseh- und Fotografengepäck.

Das Beeindruckenste war Peters Silberkoffer mit den Ausmaßen eines mittleren Kühlschrankes.

»Was wiegt der?« fragte die Dame hinter dem Schalter streng.

Co-Autor Peter Vinzens an der Topleine.

12

Start: Die Butanflamme heizt die Hülle auf. Es wird heiß. Die Luft in der Hülle dehnt sich aus, wird leichter, der Ballon kann schweben.

»So zirka 40 Kilo«, war Peters vorsichtige Antwort.

Die Dame mit dem strengen Blick versuchte die Kiste anzuheben, aber die bewegte sich keinen Zentimeter in die Höhe. Zu zweit haben wir sie dann auf die Waage gestellt.

»85 Kilo«, war das verblüffende Ergebnis.
Dazu gesellten sich sechs weitere Silberkoffer und unser Reisegepäck.

19 Gepäckstücke waren es insgesamt.
Was uns dann rettete, war unsere sprichwörtliche Unpünktlichkeit. Eine längere Diskussion war nicht mehr möglich, denn in 40 Minuten sollte das Flugzeug in Frankfurt abheben. So breiteten die freundlichen Menschen der Airline einen großen Mantel der Barmherzigkeit über den gewaltigen Gepäckhaufen und dann ließen sie ihn über die Gepäckförderanlage entschwinden. Da waren wir aber alle sehr erleichtert und dachten mit Schrecken an unseren Umsteigeflughafen. Da ging das Ganze wieder los, in Dallas.

Irgendwie vermißten alle Franks Kleidersack, der der Reisegruppe schon bei früheren Exkursionen enorm auf die Nerven gegangen war.

Daß er heute nicht dabei war, war auch besser, denn bei früheren Reisen war der schon zweimal verschwunden, und erst Wochen später wieder aufgetaucht. Aber irgendwie gehört der Kleidersack auch zu Frank, meinte Peter.

Frank zählt überhaupt zu den Menschen, der immer alles dabei hat. Ein Rauchschutzgerät für eventuelle Hotelbrände, ein Topf zum Wasserkochen und ein Überlebensset, das auch im Fall eines Schlangenbisses eingesetzt werden kann, gehört zu seiner Minimalausrüstung.

Natürlich hatte er auch einen CD-Player dabei und zwei kleine Lautsprecherboxen, was die anderen für ziemlich überflüssig hielten.

Als er dann aber, in Death Valley, nachts um 11.00 Uhr, Mozarts Kv 21, durch das Hotelzimmer rauschen ließ, freuten sich nicht nur die Mitglieder der Ballonexkursionsgruppe, sondern alle

Kakerlaken und die kleine Tarantel im Zimmer. Mozart in Death Valley, das gibt's schließlich nicht jeden Tag.

Natürlich kommt schon mal Gruppenzorn auf, wenn einer so viel Gepäck dabei hat. Aber das hat Frank auf seine Art gelöst.

Irgendwie war's am Schluß so, daß die mit dem kleineren Gepäck, Franks Gepäckstücke umhängen hatten und er selbst erleichtert und behänd durch die Flughafenhallen eilte. Dem vorausgegangen war immer der mit seinem schlecht zu widersprechenden Charme vorgetragene Satz: »Halt doch mal' gerade«, und schon hatte man den Henkel um die Schulter. Aber viel von aufkommendem zornigem Widerstand hat er mit einer besonderen Eigenschaft wieder wett gemacht. Frank war der einzige Frühaufsteher unter lauter Langschläfern. Eine Eigenschaft, die in einer Gruppe, die 14 Tage lang um 4.30 Uhr aufstehen mußte, schlecht etwas entgegenzusetzen ist.

Aber irgendwie war's auch wieder schön, daß er alles dabei hatte, denn als Bea durch die heiße Wüstenluft von trockener Haut geplagt wurde, und meinte »jetzt so eine richtige Feuchtigkeitscreme, das wäre schön«, hatte die der Mann mit dem vielen Gepäck natürlich sofort in der Hand. Und als Franz später mitten im Lande der Indianer von Montezumas Rache getroffen wurde, hat Frank sofort einen Kamillentee gekocht. Da waren alle wieder mit ihm versöhnt.

Und dann ist da noch Bea, die Kamerafrau, die reist eher mit kleinerem Gepäck. Das Voluminöseste in ihrer Reisetasche ist allerdings das Vitaminvorratslager.

Sie ist fest davon überzeugt, daß der Mensch nur dann 120 Jahre alt werden kann, wenn er täglich enorme Mengen Vitamine in sich stopft und da kennt sie keine Gnade mit weniger Gläubigen. Der Morgen beginnt bereits mit der ersten Vitamingabe von ihr, wobei jeder Widerstand zwecklos ist. Die allseits empfohlene Tagesmenge von 1 Gramm Vitamin C, entlockt ihr nur ein müdes Lächeln. Unter 10 Gramm brauchten wir unseren Mund gar nicht zu schließen.

Und dann ging's erst richtig los. Ein Vitamin-B12-Komplex, jagte eine Magnesiumgabe, gefolgt von Calcium, das alles allerdings wirkt nach ihrer Ansicht nur, wenn es mit einer ordentlichen Gabe von Selen abgesichert wird.

Jeder Versuch, sich dieser morgendlichen Vitaminausgabe zu entziehen, war völlig sinnlos, denn Bea klopft selbst an geschlossene Toilettentüren oder dringt mit ihren Cocktails in Duschräume ein.

Weil's einfacher war, haben wir anfängliche Proteste schnell aufgegeben und die Sachen folgsam geschluckt. Irgendwie fühlten wir uns danach auch viel stärker.

Franz meinte, das habe vor allem psychologische Ursachen. Da hat Bea so richtig böse geguckt und schnell hat auch Franz seine Pillen geschluckt.

Wir alle freuen uns nun darauf, 120 Jahre alt zu werden.

Ballon und Kamera

Wenn Sie jemals irgendwo einige Menschen zusammensehen, die nicht nur viele, sondern sehr viele Aluminiumkoffer bei sich haben, dann machen Sie gleich einen großen Bogen um diese Gruppe. Denn das sind entweder Fernsehmenschen oder Fotografen. Die sollte man meiden. Solche Gruppen treten verstärkt in Flughäfen, an Taxiständen oder Bahnhöfen auf. Dort ist also erhöhte Vorsicht geboten.

Nun gibt es aber davon noch die verschärfte Fassung und die sollte in unserem Fall die Zutreffende sein: Ein Buchautor und ein Fernsehteam werfen sich zusammen, um ein Buch und einen Film zu machen. Das klingt vernünftig, denn es spart Kosten. Das ist aber auch schwierig, denn unterschiedliche Interessen prallen aufeinander und machen so einiges strubbelig. Denn natürlich läuft der Fotograf immer den Fernsehmenschen im Bild herum und die Fernsehmenschen lassen immer ihre Stative im gestalteten Bild des Fotografen stehen. Dies erfreut dann jeden Beteiligten und erfordert ein hohes Maß an Toleranz. Bei Arbeitszeiten so um die 14 Stunden pro Tag ein nicht immer leichtes Unterfangen. Aber das ist natürlich auch eine Geschichte.

Da treffen sich also Fernseh-/ Fotomenschen mit Ballonmenschen und die sind natürlich grundverschieden. Die einen sind ernsthaft, am Thema interessiert, den Erfolg im Blick, unterliegen den Gesetzen des Marktes, des freien und des kommerziellen versteht sich, und bei den anderen ist es genauso. Und darin liegt die Schwierigkeit. Deshalb sind langwierige Vorbereitungen nötig. Da finden Vorbesichtigungen und gegenseitiges Beschnüffeln statt und dann rauft man sich zusammen, und das endet dann in dem gegenseitigen Aufschaukeln. Also eine ganz einfache Sache.

Ballone nämlich bläst man auf, wenn man sie im Geschäft oder auch auf dem Jahrmarkt kauft. Dann hat er einen Durchmesser von rund 30 Zentimetern und es schwindelt einem, wenn man es zu schnell macht. Man merkt, Journalisten haben oft Vorurteile, die mit der Wirklichkeit natürlich überhaupt nichts zu tun haben. Zum Beispiel: Ballone sind natürlich umweltschädlich, sie sind zu laut und verbrauchen völlig unnötigerweise Energie. Da sitzen nur reiche Leute drin und mit dem, was da unten passiert, haben sie nichts zu tun. Eine prima Story also, die leicht abzutun ist. Nachfragen scheinen überflüssig zu sein.

Nun kennen wir leider ein paar von denen, und ihre Argumentation ist nicht platt, sie sind umweltbewußt und so furchtbar reich sind sie leider auch nicht. Deshalb beerdigen wir doch erst einmal diese Vorurteile, bis wir bessere gefunden haben. Wir wollen danach suchen. Später vielleicht. Wir wollen also noch einmal darüber nachdenken.

Wir werden technischen Schwierigkeiten begegnen, aber denen begegnen wir immer bei Dreharbeiten. Es werden sich die sogenannten gruppendynamischen Prozesse ereignen, und auch die sind nicht neu, denn auch die ereignen sich immer (mehr oder minder), und dann haben wir noch produktionstechnische Probleme, aber das ist nur ein besseres Wort dafür, daß kein Produktionsgeld mehr da ist. In diesem Punkt haben wir vorgesorgt, denn wir produzieren uns selbst. Aber das heißt natürlich: Haben wir das Geld für den Hubschrauberflug oder schreiben wir doch tatsächlich ein Buch über das Ballonfahren, in der Hoffnung, daß es irgendwas bringt. Die Voraussetzungen für die Produktion sind also prima.

Ein Film, und natürlich auch ein Fotobuch, lebt davon, daß die Bilder außergewöhnlich sind. Ballone sind zudem nicht die Schnellsten und deshalb kommt das Problem noch hinzu, daß man eine Geschichte zu erzählen hat. Diese zu erfinden ist überhaupt nicht schwer, denn erfinden kann man alles. Ob man es hinterher auch so vor die Kamera bekommt ist allerdings die große Frage. Denn, wie sagt der Nachbar immer, es ist wie im richtigen Leben. So verrückt und verzwickt und verwirrt kann niemand ein Buch erfinden, wie es dann tatsächlich passiert. Würde ein Drehbuchautor so eine Story erfinden, niemand würde sie glauben. Und dann steht man nach dem Erlebnis herum, sieht sich und alle anderen an und muß sich schlicht sagen: Das glaubt uns doch keiner. Jetzt hat aber der Fotograf und der Fernsehmensch zumindest ein einigermaßen sicheres Beweismittel: Die Bilder, die er mitbringt. Sie belegen Erlebtes, werden verstärkt durch die persönliche Erinnerung und lassen sich so dem Betrachter auch mitteilen. Denn wir sind nicht Abenteurer um des Abenteuers willen, wir wollen beobachten, aufzeichnen, eine Geschichte erzählen. Wir wollen den Menschen etwas mitbringen, wir sind die modernen Märchenerzähler. Und wie das bei jedem guten Märchen auch schon früher war, es muß immer ein großer wahrer Kern dabei sein.

So sollte sich die Planung der USA-Reise als Schwierigkeit erweisen, manches wird schief gehen, anderes wird sich spontan ergeben und das muß dann irgendwie in die Geschichte hineingebaut werden.

So war zuerst einmal eine Fahrt nach Hamburg angesagt, hin zu Franz Taucher, einem Ballonfahrer, der der Filmproduktion noch nicht bekannt war. In Hamburg-Altona auf dem Bahnhof dann die große Frage, welcher der vielen Menschen mag wohl Franz Taucher sein. Der Regisseur war beschrieben worden als einer mit Bart und Franz hatte sich beschrieben als einen ohne Bart, Brillen hatten sie beide. Kaum aber am Ende des Bahnhofs angelangt, steht da einer, blickt fragend umher und ist tatsächlich Franz. Das Team hatte sich gefunden, es sollte losgehen.

Im Vorfeld zum Dreh wurde ein Gestell für die Außenkamera gebaut. Verpackt in einer Kiste aus Plexiglas, wir haben das Ding ursprünglich für Flugzeugaufnahmen gebaut. Die Kamera hängt an einem langen Seil oben am Topring. Bei der richtigen Länge, oder wenn man auch will, Kürze, bekommt man dann vernünftige Bilder vom Korb und allem, was so drumherum zu sehen ist.

Der Aufbau sollte sich als gefährlicher erweisen als erwartet. Angebracht wird das Gerät, wenn der Ballon noch schlaff am Boden liegt. Bläht sich dann die Hülle langsam auf, muß die Kiste immer näher an den Ballon herangebracht werden. Hektisch ist der kurze Moment, wenn das Gefährt sich aufrichtet. Dann muß man darauf achten, daß sich die Steuerkabel nicht verheddern, daß man selbst sich nicht in den verschlungenen Seilen aufhängt, und daß, auch dies sollte passieren, die Kamera auf Stand-By geschaltet ist. Wenn nicht, dann muß die ganze, große Hülle wieder herunter. Aufschrauben, anschalten, zuschrauben und alles wieder von vorne. Ein erquickliches Geschäft.

Die andere Kamera ist im Korb, die Dritte bleibt unten, bei den Begleitfahrzeugen. Die Bilder von allen zusammen sollen dann eine spannende Geschichte ergeben, die dann nur noch von einem guten Text unterstützt werden soll. Das ist die Idealvorstellung. In der Praxis ist es immer ein wenig schwieriger.

Das ganze Zeug mußte natürlich in die Vereinigten Staaten transportiert werden. Dann hatten wir außerdem noch ein kleines Paket von 450 Kilogramm. Das war der Korb und die Hülle. Auch das sollte mit dem Flugzeug kommen.

In San Francisco haben wir den Ballon dann am Flughafen abgeholt. Der Zoll war kein Problem. Zum Problem allerdings wurde der Transport dieses Gerätes. Zuerst wollten wir einen Pick-Up mieten, jene kleinen Wagen mit einer kleinen Pritsche hinten. Nicht zu mieten, nicht im Angebot. Dann dachten wir über einen Geländewagen mit einem kleinen Hänger nach. Nicht zu mieten, nicht im Angebot. Schließlich landeten wir bei einem Kleinbus, nicht geländegängig, mit einer so knappen hinteren Tür, daß wir sogar die Befestigungsschellen der Bänke herausnehmen mußten. Das war wieder sehr amerikanisch, aber das hatten wir ja schon.

Natürlich hatten wir auch kein Werkzeug dabei. Neben uns aber arbeitete ein Mann vom Energieversorgungsunternehmen auf einer Hebebühne. Ob wir denn einen Schraubenschlüssel haben könnten. Für was? war die Antwort. Um Platz für einen Ballon in dem Auto da zu schaffen. Daraufhin fuhr der Mann zuerst einmal die Hebebühne herunter, stieg aus und kam herüber. »Do you have a balloon?« Damit hatten wir gewonnen. Nicht nur das Werkzeug bekamen wir, sondern auch Silikon um die Gewindelöcher zu verschließen. Und ein Trinkgeld wollte er auch nicht haben. »They fly a balloon!«

Trotzdem war es immer eine böse Herumwuchterei, den Korb hinein und auch wieder herauszubekommen. Übrigens: Rauchen im Auto war strengstens verboten. Hinten standen die gefüllten Gasflaschen. Sie sollten zwar dicht sein, ausprobieren, ob sie es tatsächlich waren, wollten wir allerdings nicht. Unangenehm würde es nur werden, wenn irgend eine Schlafmütze hinten auffahren würde. Aber daran wollte niemand von uns denken.

Dann mußte natürlich auch Gas getankt werden. Das aber ist in den Staaten kein Problem. Das Gas ist das gleiche, mit dem hier auch

Ballontaufe. Nach der Jungfernfahrt wird jeder Passagier getauft. Eine Prozedur mit Feuer und Champagner, die sehr ernst genommen wird.

gekocht wird. Nur in der Menge liegt man etwas höher. Dafür aber ist auch der Kocher größer. Verwundert hat es niemanden.

Irgendwann auf der Ranch sah die Hülle dann aus, als hätten wir sie durch den Dreck gezogen. Filmreif war sie also nicht mehr. Die Wüste hatte zugeschlagen. Also mußte das Ding gereinigt werden. Fragt sich nur wie.

Die Hülle wurde auf dem Tennisplatz ausgebreitet. Das war der einzige befestigte Platz, der auch nur annähernd groß genug war. Dann wurde der Ballon aufgerichtet. Abfahren sollte er nicht. Und dann passierte etwas sehr komisches. Franz saß auf der Leiter und versuchte mit einem kleinen Gartenschlauch die riesige Hülle abzuspritzen. Eine Kindergießkanne zum Saubermachen quasi. Es dauerte geraume Zeit, bis das große Ding fast überall naß war, oben blieb es

trocken, da kamen wir nicht ran und genützt hatte es auch wenig. Aber wir hatten es wenigstens mal probiert. Und darauf kommt es ja schließlich an. Erst später in Hamburg hatte Franz dann Erfolg. Aber das hat leider keiner fotografiert. Der einzige, den es wirklich gefreut hat, war Frank. So kam er wenigstens an ein paar Waschfotos heran. Und weil er seine Kamera schützen mußte, wurde er auch nicht naß. So wie die restliche Waschmannschaft.

Wir haben natürlich wieder viel zu viel Material gedreht. Zwischendurch verliert man immer wieder einmal den Überblick. Aber auch das ist normal. Jetzt wird das Material geordnet, geschnitten, dann kommt der einsame Prozeß des Textens. Filme zu machen ist Teamarbeit. Nur beim Text ist der Autor alleine. Aber das ist er ja auch, wenn er Bücher macht.

Anflug zur Abfahrt

Langsam, fast schwerfällig legt sich das große Flugzeug in eine Linkskurve, die Tragfläche beschreibt einen engen Halbkreis. Unter uns liegt die weite Bucht von San Francisco, die Wellen tragen kleine Schaumkronen, das Wasser wirkt selbst von hier oben kalt und wenig einladend.

In der Ferne liegt die Golden Gate Brücke und streckt nur die Spitzen ihrer gewaltigen Hängebögen aus dem Nebel, der sich unaufhörlich vom Pazifik in die Bucht schiebt.

In der Mitte liegt die Insel von Alcatraz mit ihren langsam verfallenden Gebäuden, einst Herberge der gefährlichsten Männer des Landes.

Die Maschine sinkt weiter, wird vom Wind hin und her geschüttelt. Ihre Flächen beginnen wie eine Waage zu schwingen. Das Wasser kommt immer näher, die Positionslampen, die den Piloten den Weg zur Runway zeigen, sind zum Greifen nah. Dann schwebt das große Flugzeug über der Rollbahn und setzt unsanft auf dem Flughafen von San Francisco auf.

Wir sind am Ausgangspunkt unserer Reise angekommen und werden von hier aus ein Fluggerät benutzen, das schon vor über 200 Jahren dem Menschen das Loslösen aus den Fesseln der Erdgebundenheit ermöglichte.

Wir wollen von San Francisco nach Albuquerque in Neu Mexiko, zur größten Ballonfiesta der Welt. Zwischen Ausgangspunkt und Ziel liegen rund 2500 Kilometer Ballon- und Autofahrstrecke.

Während das Flugzeug zum Flugsteig rollt, hoffen wir, daß unser Heißluftballon mit dem schönen Design des Phantoms der Oper auch angekommen ist, verstaut in den Laderäumen seines supermodernen, mit Elektronik vollgepackten Bruders der Lüfte.

Wir, das ist zuerst einmal Franz Taucher aus Hamburg. »Aeronaut und Luftschiffer«, wie er sich selbst nennt. Eigentlich ist er ja Schiffskapitän gewesen, wozu der Name Taucher gut paßt. Jetzt ist er Ballonpilot, Luftschiffkapitän und taucht noch immer, nun im Meer der Lüfte.

Franz, handelt schnell und zielgerecht, strahlt Kapitänswürde aus und manchmal ist er auch ein wenig eitel. Dann müssen wir den Ballon zusammenpacken, denn es gibt Tätigkeiten, zu denen sich ein Kapitän nicht herabläßt. Das Wichtigste, er ist ein hochprofessioneller und sehr erfahrener Ballonpilot. Jetzt ist seine Sorge, daß wir bisher noch kein geeignetes Ballontransportfahrzeug gefunden haben.

Dann ist Bea mit uns unterwegs. Sensible Kamerafrau, die locker 15 Kilo Fernsehkamera auf der Schulter trägt und ohne Probleme einen 80-kg-Mann in die Höhe heben kann. Dabei hat sie nichts von ihrer attraktiven Weiblichkeit verloren. Sie ist immer fröhlich, auch zu Ballonfahrers frühen Zeiten, vor dem Sonnenaufgang. Ihr Lachen kommt regelmäßig und ist auch in 150 Meter Entfernung noch klar als ihr Markenzeichen zu erkennen.

Peter ist unser Filmproduzent und auch verantwortlich für viele Worte in diesem Buch. Er ist der Stille unter uns, besonders morgens, aber dabei hellwach. Wenn er mal was sagt, dann hat es nicht nur Hand, sondern auch Fuß und wird für die anderen meist zum Muß. Lachen kann er auch, wenn alle Fasern seines Körpers erwacht sind, auch über sich selbst. Und mißtrauisch kann er sein, besonders wenn Frank Kilometerangaben macht.

Frank Franke, der sich in einem bestimmten Fall um gute 500 Kilometer verschätzt hatte. Aber man soll nicht nachtragend sein. Wichtiger ist, daß er Leute für eine Sache gewinnen kann. Auch dann, wenn man nicht glaubt, daß er Erfolg haben könnte. Und wenn es dann klappt, ist er begeistert, überschwenglich. Klappt's aber nicht, ist er tief betrübt und glaubt, er allein sei schuld daran. Das muß man ihm dann wieder ausreden. So liegen Hoch und Tief dicht beisammen. Damit macht er sich manchmal selbst das Leben schwer. Aber auch er ist wieder zu faszinieren, wenn er nur ein neues Ziel sieht. Ein Teamarbeiter also. Und ein gutes Team würden wir brauchen. Schließlich galt es einen Ballon zu bändigen.

Wir gehen nun den Flugsteig hinauf und schauen angestrengt den Männern zu, die den Laderaum unseres Flugzeugs leeren. Sind unser Ballonkorb und die Hülle dabei? Dann wuchten zwei Mann den Korb, in dem Hülle und Gasflaschen verstaut sind, heraus.

Vergessen sind die Schwierigkeiten, die sich

vor dem Transport stellten. Die Fluggesellschaft hatte darauf bestanden, daß die entleerten Gasflaschen auch noch abgefackelt werden müßten. D.h. eventuelle Reste, die noch in den Flaschen vermutet wurden, sollten entzündet werden. Das klingt alles viel einfacher als es dann letztendlich war.

Franz mußte mit dem Ballonhänger zu einem abgelegenen Teil des Hamburger Flughafens fahren, gefolgt von vier riesigen Feuerwehrfahrzeugen, um dort auch noch das letzte Quentchen Gas zu beseitigen, bevor die Ballonfracht ihre weite Reise antreten konnte.

Nun war unsere große Sorge, wie transportieren wir den Ballon? Leider gibt es im Land des Autos zwar unzählige Autovermieter mit einer gewaltigen Flotte von Automobilen, nur keiner vermietet einen Pick-Up.

Im Hotel begannen wir zu telefonieren. Einen ganzen Tag lang ohne jeglichen Erfolg. Als wir fast schon aufgegeben hatten und zu einem Spaziergang aufbrachen, fiel uns genau neben dem Hoteleingang das Schild einer kleinen Autovermietung auf, und die hatten ein Fahrzeug, das vielleicht in Frage kam. Einen Fünfzehnsitzer-Bus. Wir entfernten die hinteren Sitzreihen und machten uns auf den Weg zur Frachtabteilung des Flughafens von San Francisco.

Bei der Fluggesellschaft, die unseren Ballon transportiert hatte, erhielten wir dann die niederschmetternde Auskunft, daß leider ein Ballon nicht in ihrer Frachthalle aufzufinden sei. Der Ballonfahrer glaubt nicht alles, was man ihm so erzählt und so begannen wir selbst in der Halle zu suchen, nur sehr kurze Zeit, denn das erste, über das wir förmlich stolperten, war unser Phantomballon. Wir standen vor dem Korb und hatten ganz vergessen, wie groß der wirklich war.

»Nein«, meinte Peter, »der paßt niemals in unseren Bus.«

Auch ein mehrmaliges Nachprüfen mit dem Metermaß verstärkte diese Erkenntnis.

Ton Kurvers SAAB und der Weltballon von Horst Wahl. Die Form bestimmt die Fahreigenschaft eines Ballons. Die Farben sind lediglich Geschmackssache.

Frank Franke in einer Steerman. Nur wer mitgeflogen ist, kann diese Erlebnisse auch schildern. Eine angenehme Pflicht.

Da hatte unser Kapitän eine Idee und meinte: »Es gibt eine Chance, wir müssen die Sitzschienen ausbauen.«

So begannen wir mit ungenügendem Werkzeug die zahlreichen Sitzschienen zu entfernen. Dann kam der große Moment. Vorsichtig wuchteten wir den schweren Korb an die hintere Tür. Es war wie ein Wunder. Der maximale Abstand zum Dach des Fahrzeuges war höchstens ein halber Zentimeter, aber der Korb ließ sich tatsächlich hineinschieben. Unser Problem war gelöst.

Franz sprang begeistert in die Luft.

»Morgen starten wir in der Nähe der Golden Gate Brücke, am Ufer der Bucht von San Francisco«, legten wir fest.

Und damit begann ein neues Problem.

Mit dem Ballon über die Bay von San Francisco

Wir stehen auf dem Balkon unseres Hotelzimmers im 43. Stock und schauen auf die erwachende Stadt. San Francisco, das ist mehr als nur eine Stadt Amerikas. San Francisco ist eine Metropole für vieles. Für Lebenslust und Überlebenswille. Für Schönheit und Vergänglichkeit. Es scheint, daß diese Stadt nur für kurze Zeit errichtet wurde. Und doch zieht sie die Menschen magnetisch an und hält sie fest. Weder das schwere Erdbeben von 1906 oder das vom 17. Oktober 1989, noch die Bedrohung durch ein noch viel größeres, von den Kräften der Erde ausgelöstes Verderben, konnte die Menschen hier vertreiben. San Francisco ist endlich und die Menschen wissen es, aber sie bleiben.

Aus den Straßenschluchten sind immer wieder Polizeisirenen, Rettungswagen und das tiefe, aufdringliche Signal von Feuerwehrfahrzeugen zu hören.

Immer wieder, kaum eine Pause entsteht dazwischen, irgendwo brennt es oder es wird jemand gerettet, oder die Polizei ist im Einsatz.

San Francisco stirbt in jeder Nacht auf's Neue und erwacht doch immer wieder.

Alles ist ungewöhnlich hier, selbst das Klima. Die kühle Meeresströmung vor der Küste läßt die Temperaturen selten über 25 Grad Celsius steigen. Es wird kaum kälter als 10 Grad Celsius und sie verschafft der Stadt den sonderbaren, sommerlichen Nebel, der sich immer wieder vom Meer ins Land hineinschiebt und die Golden Gate Brücke einhüllt. Meist schauen nur ihre Spitzen aus den weißen wabernden Massen.

Heute wollen wir über diese Stadt steigen. Verlassen das Hotel und fahren durch die niemals gänzlich schlafende Stadt. Es ist fünf Uhr früh und da kann die Welt noch nicht in Ordnung sein. Es ist dunkel, es ist kalt. Von der San Francisco Bay steigt Feuchtigkeit auf.

Wir wollen Ballon fahren. Über die Bay hinweg. Der Wind wird weisen, wo die Fahrt endet. Entfernt brummt der nie endende Verkehr San Franciscos. Die Stadt ist immer in Bewegung, immer fahren Autos, Amerika bewegt sich. Ohne Unterbrechung. Wir sind bei der Marina, gleich neben der geschichtsumwobenen Militärsiedlung Presidio, einer Gründung der Spanier von 1776.

Heute ist der Presidiobezirk vor allem ein Waldpark und wird von der Bevölkerung San Franciscos gerne besucht. Er gehört zur Golden Gate National Recreation Area.

Am Tag zuvor war der Gang zur Behörde angesagt. Auch in Amerika sind die Möglichkeiten nicht unbegrenzt, oft sind Ziele aber einfacher zu erreichen.

Die Luftüberwachung war telefonisch zu befriedigen.

»Haben Sie einen Transponder?«
»Wo wollen Sie starten?«
»See you in the air, tomorrow morning!« Ende der Verhandlung.

Aber: »Gehen Sie zum Militär! Dort unten hat die Army das Sagen!«

Und wie immer, wenn man mit Uniformträgern zu tun hat, dauert das. Also eilten wir mit unserem Kapitän Franz Taucher auf's militärische Gelände.

Da müsse man den »Sir« fragen, nur er könne entscheiden. Man wolle ihn holen. Der »Sir« war dann eine »Madam« und wurde mit »Madam, Sir« angesprochen. Eine Kombination die gewöhnungsbedürftig ist. Die Dame war ein Offizier, zierlich aber sehr bestimmt und ziemlich militärisch, außerdem sehr kurz angebunden und höflich unverbindlich.

Auf militärischem Gebiet dürfe man nicht starten, das sei allein Militär vorbehalten. Eine logische Begründung. Aber so schlimm werde es dann doch nicht, denn das Gebiet ende ja gleich neben dem Parkplatz der Marina und was dort geschehe, gehe das Militär nichts mehr an. Zuständigkeiten können hilfreich sein, wenn sie enden. Auf die Anfrage bei der Stadtpolizei verzichtete Franz. Es gibt Dinge, über die man nicht zuviel reden sollte. Auch im Land der weniger begrenzten Möglichkeiten.

Wir stehen auf dem weitläufigen Platz erst ganz alleine, dann kommen einige Jogger und Hundebesitzer. Sie nehmen kaum Kenntnis von uns und unseren Absichten. Aus dem nahegelegenen Park kommt einer, der dort wohl die letzte Nacht verbracht hat. Er findet unser Vorhaben ziemlich verrückt, aber, wir seien ja auch Europäer und die seien alle ziemlich verrückt. Und dann noch aus Deutschland. Von den Menschen dort hatte er gehört.

»Sie arbeiten immer«, stellte er fest, und »sie haben wenig Freude«.

Er habe immer Freude.

»Ballonfahren ist etwas für Verrückte. Man verläßt die Erde nicht freiwillig. Außerdem sei es ziemlich teuer.«

Später wird uns eine sehr amerikanische Lady darüber aufklären, was Ballonfahren wirklich sei. Es sei ja »so romantic«. Man trinke immer »Champagne«, fahre schöne Autos und natürlich seien »pretty young women« dabei. Irgendwie müssen wir da was falsch gemacht haben. Aber das haben wir ja schon angedeutet. Bei uns war es dunkel, zu früh, zu kalt. Den Champagner müssen wir vergessen haben, die Autos waren zwar groß, aber allein dem Zweck verpflichtet, und die jungen Damen sahen genauso übernächtigt aus wie die Männer. Von wegen »pretty Woman«.

So eine Ballonhülle ist ein unhandliches Gerät, verpackt in einem Sack, der bis zur Hüfte reicht. Schwer ist er zudem. Es ist eine Kunst sie da hinein- und problemlos auch wieder herauszubekommen. Aber wir hatten ja Franz und Thomas, die bestimmten, wo es langging.

Dann breiteten wir den »Envelope« aus. So wird die Hülle des Ballons bezeichnet. Dieser Korb übrigens, ist furchtbar schwer. Vier Leute müssen ihn schleppen und er sieht fast noch so aus wie im vorletzten Jahrhundert, zu Beginn des Ballonzeitalters. Er ist aus Weide geflochten, ein stabiles Ding und soll später an Seilen unter dem Ballon hängen. Aber so weit sind wir noch nicht.

Es ist windstill, im Osten beginnt sich der Himmel leicht einzufärben, es soll Tag werden. Licht bekommen wir von unseren Autos und im Stillen hoffen wir, daß die Stadtpolizei nicht kommen möge, mit der für die USA üblichen Frage: »Do you have a permission«, »Haben Sie eine Genehmigung?« Aber kein Streifenwagen kümmert sich um diese verlassene Ecke der Stadt.

Die wohlige Stille des Morgens hat ein Ende. Das Meer ist nicht mehr zu hören. Der entfernte Straßenverkehr wird ausgeblendet und Franz hat den überdimensionalen Ventilator angeworfen.

Das Donnern des Einzylinders überdeckt alles und die Ruhe ist vorerst dahin. Die schlaffe Hülle wird mit kalter Luft zum Leben erweckt. Langsam bläht sich das Tuch, bekommt die sanfte Wölbung, entwickelt sich der Lampion, der über fünf Stockwerke reichen wird. Das »Phantom der Oper«, unser Ballon, erwacht zum Leben.

Ballone sind keine namenlosen Wesen. Sie haben eine Zulassung und sie haben einen Namen. Ballonfahrer können die Schönsten auswendig aufsagen, schwärmen von ihnen wie kleine Juppis von Mädchen und haben wohl auch ein – sagen wir – »fast« erotisches Verhältnis zu ihnen. Da sind zum Beispiel »Bunch of Ballons«, »Der Turnschuh« und eben auch unser »Phantom«. Ein schwarzes Ding mit der Larve des Schauspielers und einer Rose.

Die Hülle ist aufgeblasen, liegt aber noch am Boden. Franz klettert in den Korb. Der schwierige Teil der Vorbereitung beginnt. Es geht schnell.

Plötzlich wird es für kurze Zeit still. Der Ventilator schweigt. Dann, Zischen und Licht.

Der Brenner bläst eine sechs, sieben Meter lange Flamme hinein in die noch kalte Hülle. Der Ballon schüttelt sich. Es ist, als hauche die Flamme ihm Leben ein, als rüttele sich das aufgeblasene Luftfahrzeug heraus aus der Starre der Stille. Und dann richtet er sich auf, schwebt über dem Korb, raschelt mit seinem Kleid, als wolle er sich seiner Kraft versichern. Der Ballon steht.

Noch immer sind keine »pretty woman« da, die Jogger lassen sich immer noch nicht verblüffen, der Lebenskünstler raucht seine Zigarette und findet alles »great«, großartig. Über die Kimme lugt die Sonne. Zuerst nur ein winziger Strahl, als wolle sie nur mal eben sehen, was denn da passiere. Dann aber hat das Phantom sie doch wohl neugierig gemacht und sie steigt langsam über die Berge. Es ist kurz nach sechs Uhr. Die anfängliche Müdigkeit ist verflogen.

Das Abheben ist unspektakulär, keine bombastische Musik, wie im Fernsehen, keine jubelnde Menge, lediglich das Geräusch der heizenden Flamme. Das Kapitel mit den Damen und dem Champagner wollen wir jetzt als abgeschlossen sehen.

Langsam steigt der Korb in die Höhe. Die Sonne hatte sich kurzzeitig noch einmal hinter den hohen Bergen versteckt. Jetzt kommen wir ihr entgegen, trifft ihr Licht die schwarze Hülle und läßt sie silbern schimmern und manchmal strahlt sie golden, wenn das Feuer weiteren Auftrieb verschafft. Die Fahrt hat begonnen. Wohin sie führt, weiß niemand.

Die Launen des Windes, verschieden in den übereinandergelagerten Luftschichten, wollen erst noch erkundet werden.

Wir gleiten weg von Presidio, hinaus über das stille Wasser der Bay. Das muß so sein, denn »Madam, Sir« von der Army hatte es so angeordnet. Bisweilen sind sogar Ballone folgsam.

Am Startplatz nun Hektik. Die einzelnen Utensilien müssen zusammengeräumt werden, nichts darf zurückbleiben. Wir verstauen den Ventilator und sichern ihn ab, falten den Ballonsack und verstauen ihn. Alles muß schnell gehen, denn der Ballon schwebt längst weit von uns entfernt.

Das Verfolgungsfahrzeug muß auf die Reise. Das Funkgerät am Mund, erkundigt sich Thomas nach Kurs und Geschwindigkeit. Die Stadt ist hellwach, der morgendliche Berufsverkehr brandet über die Straßen, deren Ampeln alle rot zeigen. Es gilt am Ballon zu bleiben, was leichter gesagt ist als getan. Denn dieser entschwebt quer über die Bay, Straßen, Verkehr, Stauungen und Ampeln am Boden ignorierend.

Ein Pünktchen mitten im Wasser, kaum zu sehen, lediglich zu hören. Was mag es sein? Franz, Österreicher, Wahlhamburger, früher Kapitän auf großer Fahrt, fühlt sich an vergangene Zeiten erinnert. Er dreht die Brenner ab, lehnt sich weit über den Rand des Korbes. »Eine Glockentonne, für die Schiffe im Nebel!« Es ist, als wäre die Boje nur wenige Meter unter uns. Kein Lufthauch, weite Stille, ein wenig das Rauschen der Wellen und dazwischen der helle Ton des Glöckchens. Schaukelnd mit den Wellen. Musik, die Meer und Wind bestimmen.

Vor uns Alcatraz. Mitten in der Bucht von San Francisco. Eine Insel. Einst der übelste Knast Amerikas. Auch von außen erschreckend, abstoßend und menschenverachtend.

Von 1933 bis 1963 war hier ein weithin berüchtigtes Bundesgefängnis. Hier wurden die schweren Jungs aufbewahrt. Die waren so gefährlich, daß man nicht einmal wagte, sie von den gepanzerten Eisenbahnwagen am Ufer auf ein Schiff umzuladen. Der ganze Waggon mit den in Ketten gelegten Männern wurde auf die Fähre gefahren. Die Liste der Namen klingt wie eine Aufzählung der »Top 100« der Verbrechensgeschichte Amerikas.

Al Capone hat hier viele Jahre verbracht und auch Robert Strought, der Mann mit den Vögeln. Nur, was Burt Lancaster im Film dargestellt hat, ist Legende. Robert Strout hat auf Alcatraz niemals Vögel besessen, das war in einem anderen Gefängnis.

Wer hierher kam, hatte alles hinter sich gelassen, auch das Leben. Im Speisesaal waren Gasleitungen angebracht, die jederzeit, wenn die Gefangenen aufrührig wurden, geöffnet werden konnten. Geduscht wurde auf Alcatraz von der ersten Stunde nach dem Eintreffen an mit kochend heißem Wasser. Man wollte die Gefangenen an das sehr heiße Wasser gewöhnen, um die Flucht von Alcatraz durch das eiskalte Wasser der Bucht zu verhindern.

Das Essen auf Alcatraz war weit gerühmt und doch war auch das nur perfide Absicht, den Gefangenen eine Flucht unmöglich zu machen. Auch Al Capone wurde hier fett und schwerfällig.

Gefürchtet waren auf der Gefängnisinsel die Dunkelzellen. Wer nicht parierte, wurde hier eingesperrt. Der Aufenthalt dort war so fürchterlich, daß er auf eine bestimmte Tageszahl beschränkt

Vor dem Start an der Marina von San Francisco am frühen Morgen. Der Stadtstreicher mußte den Ballonkorb anfassen, um glauben zu können, was er sah.

Feuer frei.

war. Leider war in den Vorschriften nicht festgelegt, wie lange sich die Gefangenen, wieder am Tageslicht aufhalten mußten, bevor sie erneut in die Dunkelheit gesperrt werden durften. So kam es immer wieder vor, daß die Dunkelzelle geöffnet wurde, der Gefangene einige Stunden befreit und dann wieder eingesperrt wurde. Heute ist die Insel ein Ausflugsziel für Tausende und wer will, kann sich für einige Minuten in eine Dunkelzelle einschließen lassen. Eine furchterregende und schlimme Erfahrung.

Alcatraz ist leicht zu erreichen. Mit der Fähre vom Fishermen's Warf, für ein paar Dollar.

Jetzt treiben wir auf die Insel zu. Im flachen Sonnenlicht gut zu erkennen, die Gefängnistrakte, Versorgungsgebäude, Wachtürme. Und Zäune auf Mauern. Drei Gefangene sollen von hier geflohen sein, drei von vielen. Durch das kalte Wasser der Bay. Sie wurden nie gefunden, wurden für tot erklärt. Entkommen unmöglich, so die offizielle Version. Aber niemand weiß es genau.

Von unten ist das Bimmeln einer Glocke im Wind zu hören. Erinnert an die Männer, die hier ein Leben beendeten, das längst zu Ende war.

Irgendwann wurde das Gefängnis selbst den Amerikanern zu menschenverachtend und so wurde es geschlossen. Sechs Jahre danach wurde die Insel von Indianern besetzt, die dort mehrere Jahre lang ausharrten, um auf ihre mißliche Situation hinzuweisen.

Hinter Alcatraz die weite Fläche der Bay. Links schmiegen sich die kleinen Häuser von Sausalito an die Hänge der Berge. Bis hinunter ans Wasser. Davor viele weiße Segelschiffe. Wie Spielzeug. Eine Idylle auf gefährlichem Grund. Die Erde bebt oft, unruhig ist sie, der Preis für die Schönheit der Landschaft vielleicht.

Geradeaus die Brücke nach Richmond. Bögen aus Stahl, Verkehrsverbindung, Lebensader. Links davon schon wieder ein Gefängnis. Woher mag es kommen, daß in den schönsten Landstrichen Menschen eingesperrt werden, nicht hinaussehen dürfen.

Auf dem Boden versinkt die Stadt im allmorgendlichen Chaos. Zu viele Autos, Busse, sogar die Cable Car läuft schon. Wir hatten angenommen, die sei lediglich Touristenattraktion.

Nur langsam kommen die Verfolger aus der Stadt heraus. Ein Wagen fährt über die Golden-Gate-Bridge. Der andere über die Oakland-Bridge. Beide im weiten Bogen herum um die Bay. Mitten durch die Städte. Bisweilen, zwischen Glaspalästen und Backsteinhäusern, heraus aus der Schlucht zwischen den Straßen, ist ein Blick zu erhaschen auf den kleinen, schwarzen Punkt über dem Wasser. Der Wind treibt den Ballon nach Norden, weg von den Verkehrsflughäfen San Francisco und Oakland. Wenigstens dieses Problem bleibt Franz erspart.

Der Ballon schwebt tief. Die Leute sitzen im Garten, frühstücken und sind verwundert. Was macht dieses schwarze Ding über ihrem Haus. Das wollen sie wissen, fragen und bekommen Antwort.

»Ah, Germany, great!« Übrigens: »Great« ist anscheinend das beliebteste amerikanische Wort. Aber man soll nicht voreilig Schlüsse ziehen.

Zum Landen ist der Platz hier zu klein, die Geschwindigkeit des Windes hat zugenommen, wir haben nun Fahrt. Also gilt es den Sprung hinweg über das Wasser nach Ritchmond zu wagen. Hoffentlich kommen die Verfolger mit.

Später werden unsere Freunde die Hände über dem Kopf zusammenschlagen. Richmond, da geht man nicht hin. Eine gefährliche Gegend, unangenehme Leute dort, hohe Kriminalität. Holger, Hoteldirektor in San Francisco, wird sagen: »Nur mit einem vorgehaltenen Maschinengewehr bringst du mich in diese Gegend.« Wir werden nichts davon merken.

Franz meldet sich über Funk. »Irgend etwas stimmt dort unten nicht. Könnt ihr mal sehen was dort unten los ist?«

»Da unten folgen uns zwei Feuerwehrwagen schon die ganze Zeit im Schrittempo.«

Später wird uns gesagt werden: Diese Fahrt über die Bay war eine Art Welturaufführung. Amerikaner machen so etwas nicht. Und Europäer waren bisher nicht auf die Idee gekommen. Ob die Information stimmt, bleibt unklar, sicher ist jedoch: Wir hatten die öffentliche Ordnung Ritchmonds in Unordnung gebracht.

Inzwischen folgt dem Ballon auch ein Polizeifahrzeug. Der Sheriff versucht trotz des Verkehrs den Ballon nicht aus den Augen zu verlieren.

Das Phantom scheint unheimlich auf amerikanische Ordnungskräfte zu wirken. Unheimlich beeindruckend und unheimlich unheimlich. Der Polizist zumindest war sehr beunruhigt. Ein Ballon in Not schwebe über Ritchmond, sagte er. Er könne jeden Moment in Brand geraten, herunterfallen, mitten in die Siedlungen. Katastrophenstimmung also.

Die Erklärung dauert ein wenig länger. Natürlich kommt auch die Frage nach der »Permission«, aber das hatten wir ja bereits. Dann aber ist er beruhigt und findet das Ganze »great«.

So etwas fände seines Wissens zum ersten Mal statt. Ein Ballon über Ritchmond. Und von wo sei der Ballon gekommen? Von SF? »Great!« Das müsse doch das Fernsehen wissen, er wolle die TV-Station informieren. »Great!«

Er verspricht der Feuerwehr Entwarnung zu geben. Kein Ballon in Not über Ritchmond, keine Feuersbrunst zu erwarten. Wir lernen, daß Amerikaner große Angst vor Feuer haben, wegen der Holzhäuser. Alle Amerikaner. Der Polizist muß es ja wissen.

Aber, so sagt er, bei der Landung sei große Vorsicht geboten. Überall lauerten Hochspannungsleitungen, große und kleine. Die Wiesen dazwischen seien Privatgelände. Eigentlich dürfe man sie nicht betreten. Bei Ballonen, die so einfach dahergeschwebt kämen, würden die Besitzer aber wohl eine Ausnahme machen. Denn das Ganze sei doch nun wirklich »great!«. Wir können froh sein noch nicht in Nevada zu fahren, dort dürfen die Besitzer auf ungebetene Eindringlinge schießen, das ist ein Gesetz.

Der Polizist fährt weg. Die Feuerwehr geht zurück zur Wache. Frieden senkt sich wieder über Ritchmond.

Die Fahrt im Korb wird flott. Weiter hinten, in

San Francisco: Nur mit Mühe war der Korb in den angemieteten Wagen hineinzubekommen. Ein anderes Fahrzeug war nicht aufzutreiben gewesen.

Richtung des Windes, schwingt wieder die weite Fläche der Bay herein. Deshalb: Entweder Landung hier, oder Weiterfahrt bis zu den Bergen. Das kann Stunden dauern. Dann wird das Gas knapp. Franz fällt die Entscheidung: Landen.

Der Ballon wippt nach unten, geht in tiefere Fahrt über, nur ein paar Meter über Grund. Dann hebt er sich wieder. Gleitet hinweg über Hochspannungsleitungen. Ein gefährliches Unterfangen. Jetzt geht es um Zentimeter. Das Ufer der Bay kommt näher. Dazwischen noch eine Baumreihe. Davor eine Hochspannungsleitung, knapp hinter der Bahnlinie. Zwischenraum vielleicht 50 Meter. Das ist das Loch, dort muß das Phantom hinein. Runter auf den Grund. Viele Möglichkeiten werden sich nicht mehr bieten.

Franz läßt den Ballon sinken. Die rote Leine in der einen Hand, die andere am Brenner. Steigen und Sinken. In schräger Fahrt kommt der Boden immer näher. Ziehen an der roten Leine. Oben wird die Öffnung freigegeben, die heiße Luft entweicht. Nur wenige Meter Höhe noch. Dann, Leine loslassen, Bodenberührung, der Ballon ist unten. Der Korb kippt, wird hinter der Hülle hergezogen, bremst die Fahrt. Rote Leine. Gasventile schließen. Der Ballon steht, fällt in sich zusammen, flattert im Wind, die treibende Kraft schwindet. Die Hülle liegt im Gras. Eine glatte Landung auf engem Raum. Franz ist zufrieden.

Es dauert lange bis wir auf das Gelände fahren können, bis sich der Schlüssel zum Tor findet. Zwei Männer arbeiten dort und deuten an, dies sei die Sondermülldeponie eines Chemiekonzerns. Selten hatten wir die Hülle so schnell im Transportsack wie an diesem netten Platz.

Am nächsten Tag wird in der Zeitung stehen: Da sei doch wirklich ein Deutscher mit seinem Ballon über die Bay gefahren, über Ritchmond hinweg. »Great!« Ballone haben schon ihren eigenen Reiz.

So legt man einen Airport lahm

Der Staat Nevada in den USA hat bis heute wohl am meisten den rauhen Pioniergeist der ersten Jahre bewahrt. Wer behauptet, hier sei alles besonders streng, irrt nicht, denn bis heute darf z.B. ein Grundstückseigentümer auf ungebetene Gäste schießen. Davor wurden wir bisher bewahrt. Daß aber alles so schlimm auch wieder nicht ist, beweist die folgende Geschichte, die tatsächlich passiert ist.

Am Rande des Scheidungsparadieses von Reno, Nevada, steht eines der vielen großen Hotels der Spielerstadt. Nichts Unübliches in diesem Staat, denn der und seine Bewohner beziehen einen Großteil ihres Einkommens daraus.

Vor diesem Hotel nun trafen sich, und diesmal war es nicht so furchtbar früh, verschiedene Menschen. Die einen hatten mit Ballonfahren zu tun und die anderen wollten nur mitfahren. In der Praxis sieht das dann so aus: Die Ballonmenschen arbeiten und die anderen müssen zusehen, weil sie es halt noch nicht gelernt haben. Das allerdings ist noch lange kein Grund zur Aufregung, denn wer einmal mitgefahren ist, will es immer wieder und damit ist garantiert, daß er oder sie das Aufbauen lernt.

Und wer da glauben sollte Ballonfahren sei ein maskuliner Sport, der irrt. Zwar sind die Männer noch in der Überzahl, aber die Frauen holen auf. Bei Festivals und Fiestas finden sich denn auch inzwischen reine Frauenteams und die gewinnen immer mehr Preise und Ehren. Beim Ballonfahren kommt es nämlich weniger auf Kraft an, sondern mehr auf Intuition, Erfahrung und Mut. Und die sind bei den weiblichen Crews nicht minder stark vertreten.

Jetzt standen wir vor dem Hotel auf dessen Parkplatz ein großes Areal eigens für uns freigehalten worden war. Der Ventilator schickte Luft wirbelnd in die Hülle und die begann wie Wasser auf dem Meer zu wogen.

Franz hatte am Morgen mit der Flugsicherung telefoniert, hatte sich das Wetter geben und die Genehmigung bestätigen lassen. Versicherte im Besitz eines Transponder zu sein und konnte dadurch mit dem Wohlwollen des Fluglotsen, dem das gut gefiel, rechnen. Deshalb durften wir jetzt mit Franz fahren.

Der Wind stand günstig. Franz wollte aufsteigen, auf geringe Höhe gehen und, wenn der Wind so bliebe – alle Fachleute hatten das bestätigt – würde er entlang des großen Highways gemütlich eine Fahrt machen können. Das wiederum würde toll werden für die Mitfahrer und einfach für die Verfolger. Es versprach ein schöner Morgen zu werden.

Behäbig bestiegen die Reisenden den Korb. Großer Anstrengung den Ballon am Boden zu halten, bedurfte es nicht, dazu war hier unten der Wind zu schwach. Aber das würde sich in wenigen Metern Höhe schon ändern und außerdem würde die nun kräftiger werdende Sonne für mehr Wind sorgen. Die Landung allerdings könnte dann ungemütlicher werden. Aber das ist ja immer so, wenn es ein wenig bläst.

Langsam stieg der Korb in die Höhe, die Zurückbleibenden riefen »Gut Land« und Franz stieg auf etwa 100 Meter und harrte der Dinge, die da kommen sollten.

Es passierte nichts. Der große Ballon hing über dem Parkplatz wie ein bunter Lampion und rührte sich weder vor noch zurück. Franz ging höher, es passierte nichts. Franz kam wieder herunter und, entgegen aller Erwartung, herrschte in keiner Höhe irgendeine Luftbewegung.

Ballone sind wunderschöne, fragile Gebilde haben aber ihre Mucken. Eine davon ist, nur mit dem Wind zu gleiten. Das ist ein physikalisches Gesetz und deshalb unabänderlich.

Also mußte zunächst einmal die Richtung akzeptiert werden, die Kunst des Fahrers besteht darin, immer wieder neue Winde aufzuspüren.

Wenn man im Korb steht, was leider nur wenigen vergönnt ist, und schaut senkrecht nach unten, kann jeder Mitfahrer leicht erkennen, wie hoch die Geschwindigkeit über Grund ist und wohin die Fahrt geht.

An diesem Morgen war das Fortkommen eher mühsam. Wenige Minuten später aber frischte der Wind auf und es ging zügig weiter. Leider immer noch in die falsche Richtung, nämlich hinein in die Unwegsamkeit der Wüste und die wenigen unbefestigten Wege endeten irgendwo in den Rinnen vertrockneter Bäche.

Nun ist aber Amerika bekanntermaßen das

Land der unbegrenzten Möglichkeiten und deshalb ist in der Umgebung Renos das Land auch schachbrettartig von prima ausgebauten Straßen umgeben. Es scheint als habe ein vorausdenkender Architekt die Entwicklung der nächsten 100 Jahre vorausgesehen und schon mal die Straßen dementsprechend angelegt. Insofern hielt sich die Unwegsamkeit der Wüste auf einige Meilen beschränkt und alle gingen davon aus, daß Franz es schon schaffen würde, eine dieser befahrbaren Streifen zum Landen zu erwischen.

Leider aber lag auf seinem Weg hinaus in die Wildnis ein Hindernis, der internationale Flughafen von Reno. Zwar ist dessen Größe nicht mit Dallas oder Chicago vergleichbar, aber es landen doch in regelmäßigen Abstand große Verkehrsmaschinen und wollen auch wieder von hier fort. Hier galt es Vorsorge zu treffen.

Die Männer vom Tower des Airports waren dann auch gleich zur Stelle, als sie über Funk angesprochen wurden. Zudem waren wir auch längst entdeckt, schließlich ist ein Heißluftballon ziemlich auffällig und der Transponder war auch angeschaltet. Dieses kleine Kästchen sendet permanent eine Kennung aus und jeder Fluglotse ist sofort in der Lage auf seinem Radarschirm zu bestimmen, daß dies ein Ballon ist, einen Namen hat und damit identifizierbar ist.

Auf den Schirmen des International Airports von Reno, Nevada näherte sich unaufhaltsam ein kleiner Punkt mit Kennung quer zur Rollbahn und da gehörte der nicht hin. Deshalb waren die Männer vom Tower auch schnell bei der Sache.

Franz könne, so wurde ihm über Funk beschieden, ausnahmsweise die Rollbahn queren, denn momentan erwarte man keine Maschine, dann aber solle er zusehen, daß er wegkomme. Das war für unseren Ballonfahrer eine willkommene Sache, denn Rollbahnen zu queren war neu in seiner Karriere. So schwebte er auf die Rollbahn zu, die sich in weiter gerader Linie, rechts und links von uns, bis an die weite Fläche der Wüste herantastete. Und wir wollten mitten darüber hinweg. Auf zu weiteren Taten.

Als die Runway genau unter uns war, schlief der Wind ein. Wir standen, wie in der Luft festgeklebt. Verhungert in der Luft. Genau über der Asphaltpiste. Wir waren plötzlich ein internationales Hindernis.

Franz stieg auf eine größere Höhe, feuerte wie wild, wir standen. Franz ließ den Ballon hinab, fast greifbar die Befeuerung der Bahn, wir standen. Vielleicht hätten wir aussteigen sollen, um zu schieben. Selbst daran wurde ernsthaft gedacht, die Fluglotsen aber wollten dies nicht. Sehr wahrscheinlich dachten Sie an den vielen Papierkram, der dann zu erledigen gewesen wäre und schreckten deshalb zurück. Außerdem war ihnen sicher unklar, wie hoch die Landegebühren für Ballone auf dem internationalen Flughafen angesetzt werden sollten.

Im Tower waren die Fensterplätze belegt und auf den anderen Ebenen auch, denn nur selten kommt ein Heißluftballon auf diesem Platz nieder. Zumindest haftete uns also erhöhter Unterhaltungswert an. Irgendwann schließlich resignierte Franz und machte gar nichts mehr. Was bitte hätte er auch machen sollen?

Dann wurden auch die Männer im Tower nervös, denn die nächste große Verkehrsmaschine war im Anflug. Aber der Wind schlief.

Schließlich sahen wir das Flugzeug am Horizont. Eine große Verkehrsmaschine, die im weiten Bogen und schon ziemlich tief flog. Vielleicht erläuterte der Kapitän gerade seinen Fluggästen, daß es wohl noch ein wenig dauern könnte, ein Ballon stehe ihm im Wege. So flog er dann eine Zeit lang um uns herum und alle freuten sich über das Schauspiel.

Dann aber hatte sich die Besatzung des Tower zu einer Entscheidung durchgerungen. Sie hatten wohl erfahren, daß vorerst kein Wind zu erwarten sei und ein Abschleppen des Ballons war ja auch nicht möglich.

Können Sie, so wurde gefragt, auf 3000 Fuß gehen? Natürlich konnten wir auf 3000 Fuß gehen. Rauf und runter war das einzige, was wir konnten. Mehr war im Moment nicht drin. Also rauf auf 3000 Fuß. Endlich passierte mal was. Gas hatten wir genug und inzwischen war es nach der Kühle des Morgens auch schon so richtig schön warm geworden.

Behäbig, zu schnell geht es jetzt auch wieder nicht, stiegen wir nach oben, langsam zog die große Maschine ihre weiten Kreise, vielleicht tranken die Passagiere auf uns ein Glas Champagner. Wir hofften das zumindest. Und irgendwann konnte Franz vermelden: 3000 Fuß Höhe erreicht. Rund 1000 Meter.

»Höhe unbedingt halten!«, kam zurück und wir lugten über den Korbrand, um mitzubekommen, was nun geschehen würde.

Das Phantom ist startklar.

Delikater Augenblick: Wenn die Hülle zusammenfällt, ist sie besonders gefährdet.

Aus geringer Höhe ist das Ballonfahren richtig erholsam. Manchmal ist es fast, als schaue man von einem Balkon herunter, aber 1000 Meter Höhe, das ist kein Blick mehr vom Balkon. Für Peter war's ein neues Gefühl. Ihm war ein wenig schummerig im Magen und ein wenig fester lag die Hand auf dem Korbrand.

Der große Vogel hörte auf uns zu umrunden, holte in weitem Bogen aus und schwebte über die Wüstenlandschaft auf den Flughafen zu. Dann setzte er ungehindert auf.

Als die ganze Aufregung vorbei war, kam eine leichte Brise auf, trieb uns weg von der Landebahn genau in die Richtung, die am frühen Morgen als die allgemeine Windrichtung angegeben worden war. So hatte alles wieder seine Ordnung.

Wir schwebten über das glitzernde Reno hinaus in die Wüste. Unten versuchte das Verfolgungsfahrzeug Straßen zu finden, um am Ballon zu bleiben. Franz war bester Laune, drückte ununterbrochen auf Franks Minitaschenkamera, der betätigte immer wieder die Auslöser einer der drei Kameras, die er dabei hatte.

Der Ballon glitt weiter über die Wüstenlandschaft. Über einen der hohen Berge, die sich um Reno herumgruppieren, stieg eine riesige Cummuluswolke auf. Das Bemerkenswerteste an ihr war die Färbung. Ihr intensives Rosa unterschied sie von anderen Cummuluswolken, die sich ganz langsam, als Zeichen der beginnenden Thermik, am Himmel bildeten. Die rosarote Wolke war dicht, riesig und rund und markierte die Stelle eines gewaltigen Feuers, das irrwitzige Menschenhände bewußt gelegt hatten. Trotz des Einsatzes von Löschflugzeugen und vielen Menschen, war das gewaltige Feuer außer Kontrolle geraten und bildete jetzt ein drohendes Beispiel menschlichen Unverstandes. Bäume, die Jahrhunderte überdauert hatten, wurden dort innerhalb weniger Minuten ein Raub der Flammen. Tiere verloren einen aussichtslosen Kampf gegen Flammen und Tod.

Die Zahl der von Menschen gelegten Feuer hat in den letzten Jahren immer mehr zugenommen. Oft werden dabei die Helfer lebensbedrohend gefährdet. Häufig sind dabei auch Menschenleben zu beklagen. Die riesige Wolke wuchs immer weiter an.

Wir im Ballon waren still geworden. Der Blick aus dem Korb eröffnet meist die große Schönheit der Natur. Jetzt erschreckte uns deren Zerstörung.

Franz setzt den Ballon sanft auf einer kleinen künstlich bewässerten Wiese neben dem Wüstengestrüpp auf. Das Verfolgungsfahrzeug ist eingetroffen und wir beginnen den Ballon einzupacken.

Die Freude, die ballonfahrende Menschen oft nach der frühmorgendlichen Landung befällt, war an diesem Morgen einer nachdenklichen Stille gewichen.

Die Box – Zu Besuch bei Barron Hilton

Daß Ballonfahren auch ein philosophisches Problem sein kann, war uns unbekannt. Aber das ist halt so, wenn man als Journalist mit einer gediegenen Halbbildung über das Fahren in der Luft, an ein solches Projekt herangeht. Wir sollten es lernen. Und der Lernprozeß war angenehm. Das muß nicht immer so sein.

Wir waren von Reno nach Osten gefahren und dann irgendwo nach Süden abgebogen. Die Landschaft, die wir durchfuhren, ist so leer, daß man ganz schnell vergißt, wo man ist oder wo man war.

Hinter einem verlassenen Flecken der Yerrington heißt, führt die Straße unpaved, d.h. im Staub, kerzengerade in die Landschaft hinein. Von Zeit zu Zeit hoppelte einer der dürren Wüstenhasen neben uns und stellte kaum seine riesigen Löffel auf.

Irgendwo mußte die Straße doch hingehen, aber es hatte den Anschein, als würde der staubige Weg im Nichts enden.

Wo die Straße dann später abfällt beginnt völlig unerwartet ein grünes Tal. Fast wirkt es wie eine Fata Morgana. Für das Grün ist der East Walker River verantwortlich, der sich wie ein grünes Band durch die Wüste zieht.

Unsere Fahrzeuge halten vor einem Flugplatz mit einer 2000 Meter langen asphaltierten Runway. Links führt der Weg von Pappeln besäumt, zu einer großen Ranch mit vielen Gebäuden. Wir sind zu Gast bei Barron Hilton, jenem Mann, dem weltweit Hotels gehören und dessen Namen zu einem Synonym für luxuriöses Wohnen wurde.

Seine große Passion ist das Fliegen. Er selbst steuert seinen Jet, einen Hubschrauber, einen Ultralight und sammelt neue Kraft, indem er mit seinem Segelflugzeug über der Wüste kreist.

Würde man ihm auf der Straße begegnen, wäre er völlig unauffällig. Ein zurückhaltender Herr, stets gut gekleidet, immer gelassen und immer mit seinem Markenzeichen versehen: der großen Zigarre im Mund.

Wir kannten Mister Hotel schon seit Jahren. Er ist Gastgeber und Veranstalter des größten Segelflugwettbewerbs der Welt, des Barron-Hilton-Cups. In seinen Hangars steht alles was fliegen kann: Motorflugzeuge, Ultralights, Verkehrsmaschinen, Segelflieger und natürlich auch ein Heißluftballon.

Das Areal der Ranch hat amerikanische Maßstäbe: Es reicht von Nevada bis nach Kalifornien und ist so groß wie das Saarland. Hier werden Rinder gezüchtet und Pferde. Zwischen den Feldern heulen die Kojoten und parallel zum kleinen Flüßchen Walker-River, am Fuße des Mt. Grand ist ein dicker schwarzer Strich in die Landschaft gezeichnet. Die Landebahn der Flying-M-Ranch. Das Refugium jenes Mannes, der so gerne fliegt. Die Ranch liegt in einer der schönsten Gegenden Nevadas und wir haben dort Barron getroffen.

Auf der Straße, die zur Ranch führt sind vor nicht einmal 150 Jahren die Siedler mit ihren Planwagen gezogen. Mißtrauisch beäugt von den Indianern, die hier seit Hunderten von Jahren lebten. Nur etwa 300 Meter vom südlichen Ende der Runway entfernt liegt eine der Kultstätten der Ureinwohner des Landes, mit schönen bis heute zum Teil noch nicht deutbaren Indianerzeichen.

Bevor die Weißen ihre Herden in diese Gegend trieben, ernährten sich die Indianer von gesammelten Nüssen, Beeren, Fliegenlarven, Wurzeln und von der Jagd. Hier lebten Indianer vom Stamm der Paiutees, die später als besonders grausam geschildert wurden und doch kämpften sie nur um ihre angestammten Rechte.

Mit dem Namen »No Goodee Cow Man« umschrieben sie die Weißen und die Tatsache, daß die Herden des weißen Mannes ihre Lebensgrundlage, die Jagd, zerstörten. Die Kühe fraßen die wenigen Pflanzen und das hatte zur Folge, daß das Wild, das die Indianer jagten, sich zurückzog.

Das trockne Land konnte nur eine begrenzte Anzahl von Menschen ernähren. Der Überlebenswille führte zu erbitterten Kämpfen. Nicht die Goldgräber waren die Feinde der Indianer, es waren die Herdenbesitzer. Die meisten Indianer hatten keine Feuerwaffen, da die Beschaffung von Pulver oder Blei für die Kugeln, für sie kaum möglich war und Paiutees gingen nur dann zum Angriff über, wenn sie eine Chance zum Sieg sahen.

Ihr Ziel war es, den Feind zu töten, besonders dann, wenn die Gefahr selbst zu Schaden zu kommen, gering war. Das Gegenmittel der Weißen war weniger der Kampf, sondern das Zerstören der Vorratslager der Indianer. Die Folge waren schreckliche Hungersnöte. Jahrhunderte hatten die Indianer hier gelebt und hatten dem trockenen Land mit Hilfe eigener Bewässerungssysteme die spärlichen Früchte abgetrotzt. Nun waren sie verloren.

Die Paiutees glaubten, ihre gefangenen Feinde besonderen Grausamkeiten aussetzen zu müssen, um nach dem Tode ein besseres Dasein im Jenseits führen zu können. Eines ihrer bekanntesten Opfer war kein Weißer, sondern ein Schwarzer. Der Bedauernswerte hieß Charlie Taylor, der erst drei Tage gemartert und anschließend zu Tode geröstet worden ist. Ein anderes Beispiel war der Mord an Mary McGuire und ihrem kleinen Sohn. Die Indianer legten Feuer auf dem Dach ihrer Hütte. Die in dem brennenden Haus Eingeschlossenen versuchten vergeblich das Feuer von innen zu löschen. Mary McGuire und ihr Sohn kämpften bis zur letzten Minute. Als sie später gefunden wurde, war sie von 14 Pfeilen, ihr fünf Jahre alter Sohn von sechs Pfeilen getroffen worden. Die Vorderzähne des Kindes fehlten, da die Indianer glaubten, damit verhindern zu können, daß er eines Tages als wildes Tier wiederkehre. Der Mord löste bei den Weißen großes Entsetzen aus und führte zu einer furchtbaren Strafexpedition. Der für die Indianer völlig überraschende Angriff, kostete 35 Paiutees, vor allem Frauen und Kindern, das Leben.

Irgendwann war der Krieg vorbei und die Indianer zurückgedrängt. Sie hatten der Kampf verloren.

Vor wenig mehr als 100 Jahren reisten die Menschen mit Planwagen. Manchmal wochen- oft monatelang. Wir waren in nur zwei Tages-Reisen hierher gefahren. Allerdings kann es, wenn das Fahrzeug eine Panne haben sollte, schon mehrere Stunden dauern, bis ein freundlicher Bewohner des Weges kommt, um die unangenehme Situation zu beenden. Sich zu Fuß auf den Weg zu machen um Hilfe zu holen, ist lebensgefährlich. Die Hitze des Tages ist zu groß, die Luft ist zu trocken und nachts wird es bitter kalt. Da wir aber mit drei Fahrzeugen unterwegs waren, fühlten wir uns sehr sicher.

Der Verwalter der Ranch begrüßte uns wie alte Bekannte. Immer wieder ist es für Europäer verblüffend, wie gastfreundlich und herzlich die Menschen in diesen einsamen Landstrichen sind. Die Nachbarn aber wohnen weit weg, Abwechslung bietet in erster Linie das Satellitenfernsehen und deshalb hat es Tradition, Besuchern mit Interesse und Freundlichkeit gegenüberzutreten. Ver-

Auf dem Weg zur Flying-M-Ranch: Einschußlöcher auf der Tafel zeugen vom Übermut mancher Autofahrer.

Hochspannungsleitungen verlangen höchste Aufmerksamkeit.

haltensweisen, die wir bisher nur in den USA in diesem Ausmaß gefunden haben.

Selbstverständlich kann der Rancher fliegen, jeder kann das hier. Das Flugzeug steht inzwischen gleichberechtigt neben Pferd und Auto. Aber wen sollte das bei diesen Entfernungen verwundern. Und natürlich interessiert den Leiter dieses landwirtschaftlichen Großbetriebes, daß wir Ballon fahren wollen. Auch er will einmal mitfahren, will einmal dieses Gefühl verspüren, lautlos in der Luft zu schwimmen.

Am nächsten Morgen ist der Kaffee in der Küche fertig, der Rancher ist topfit, nur wir sind noch müde. Bei Dunkelheit geht es hinaus auf die Landebahn. Das Phantom wird zur Reise vorbereitet.

Die Umstände sind ideal. Die Landebahn ist glatt und sauber. Hochspannungsleitungen sind hier ein Fremdwort. Lediglich das unwegsame Gelände könnte uns zu schaffen machen. Aber Franz hat heute morgen so ein unbestimmtes Lächeln auf den Lippen.

Viele Helfer sind da, viele Hände, die zupacken und die nicht zum ersten Male einen Ballon aufbauen. Vorsichtig wird die Hülle ausgebreitet. Der Korb eingeklinkt, die Leinen geordnet. Gasflaschen und Brenner montiert. Und dann bläht sich unter dem knatternden Geräusch des Propellers träge die fragile Hülle im beginnenden Morgen.

Die Abfahrt ist behäbig, langsam, so als wollten alle diesen herrlichen Morgen, die aufgehende Sonne, die weite Landschaft in aller Ruhe genießen. Nur ein paar Meter steigt der Ballon, bleibt an der gleichen Stelle, als könne er sich nicht entschließen eine bestimmte Richtung einzuschlagen.

Weiter steigt der Ballon. Beginnt in einer Geschwindigkeit, die man blumenpflückend halten könnte, sich fortzubewegen. Da plötzlich verharrt er in der Bewegung, als hätte er sich jetzt anders entschieden. Und dann, ganz träge, wie schläfrig, wendet er sich einer anderen Richtung zu. Mitzugehen wäre sinnlos, denn nach wenigen Metern hätte der Fußgänger die Hülle hinter sich gelassen.

Franz hängt über dem Korbrand und lächelt. Ein Schalk sitzt ihm im Nacken.

»Er will die Box!« Er will die Box? Glaubt er etwa, er könne hier, in einem für ihn völlig unbekannten Revier, die schwierigste Übung eines Ballonisten fahren? Niemand hat das bisher hier geschafft.

Die Box zu fahren bedeutet, einen viereckigen Kurs einzuhalten, an den Eckpunkten um rund 90 Grad zu wenden, um dann am Ende auf dem gleichen Platz niederzugehen von dem aus gestartet wurde.

Sicher, Franz ist bereits mehrmals die Box gefahren, aber das war zu Hause, in Revieren, die er kannte.

»Der Rancher hat ihm heute morgen erzählt, daß hier noch niemand die Box geschafft hat. Er wird es versuchen!«

Franz steht in seinem Korb und fährt verschiedene Höhen ab. Er beobachtet das Getreide am Boden, den kleinen See, den Lauf des Flusses. Er registriert die Form der Hügel und Berge, die Farbe der Sandflächen, den Flug der Vögel. Und natürlich prägt er sich auch ununterbrochen seine Instrumente ein. Franz lächelt.

Ob man die hohe Kunst des Ballonfahrens erlernen kann, darf bezweifelt werden. Es gehört, wie bei vielem anderem auch, Talent dazu, und Gespür. Die Fähigkeit zu erfassen, was scheinbar nicht faßbar ist, die Begabung Dinge zu ahnen, die kommen mögen. Dazu kommt natürlich Beobachtungsgabe und Erfahrung. Dies alles, gepaart mit einer gesunden Einschätzung in die eigenen Fähigkeiten und die des Geräts, machen wohl einen Ballonisten aus, der seine hohe Kunst versteht.

Franz versucht die Box zu fahren. Ganz tief, der Boden des Korbes berührt fast die Zweige der winzigen Büsche, geht es langsam parallel zu den Bergen den flachen Talgrund entlang. Ein Kind könnte den Korb vom Boden aus berühren. So stetig bleibt seine Höhe, so gleichmäßig seine Geschwindigkeit. Nur selten stößt die Flamme empor in die Hülle, nur kurz verströmt das Gas.

Die Sonne wirft den langen Schatten des Gefährts quer über die Wüste. Ganz knapp über den Bergen steht sie nun. Rot glühend. Warm. Drüben, auf der anderen Seite der Ranch, liegen die Felder noch im Schatten. Unter der Beregnungsanlage liegen die Pflanzen noch eingepackt in eine dicke Eisschicht. Erst wenn die Sonne sie erreicht, wird die glänzende Pracht schnell dahinschmelzen. Die unbeleuchteten Seiten der Berge liegen noch in tiefem Blau. Hart daneben, der Sand der Wüste, bestrahlt von flachem Licht, scheint rot zu brennen. Und dazwischen die schwarze Hülle des Phantoms mit Larve und Rose.

Sie sind jetzt schon ein bedeutendes Stück von der Staubstraße entfernt. Träge folgen ihnen die Autos, die zwar schneller fortkommen, aber nicht an den Ballon herankönnen. Felsbrocken liegen überall herum, Büsche und ausgetrocknete Wassergräben versperren den Weg. Der große, schwarze Lampion ist in seinem Element, er ist zu Hause. Er schwimmt schwerelos über Hindernisse, Pflanzen und Tiere. Seinem Weg stellt sich nichts entgegen.

Inzwischen ist es merklich wärmer geworden. Weit entfernt steht der Ballon. Es sieht aus, als hätte er aufgehört sich zu bewegen. Wenn er da nicht mehr wegkäme, es wäre ein weiter Weg, Korb und Hülle zu den Fahrzeugen zu schleppen. Dorthin kommen noch nicht einmal die Geländewagen.

Fast hätten wir es gar nicht bemerkt. Franz war in eine Bodenvertiefung hinter einem Hügel gefahren, deshalb konnten wir ihn nur unvollständig sehen. Der Ballon hatte Höhe gewonnen. Nichts Bedeutendes, vielleicht 5 bis 6 Meter. Anfangs schien er zu stehen. Doch dann wurde klar: Er kommt auf uns zu. Der erste Kurswechsel war geschafft. Franz hatte in größerer Höhe eine Luftströmung erwischt, die fast genau um 90° gedreht war. Franz war auf dem Weg zum zweiten Punkt seines Kurses. Als er über uns wegschwebte war deutlich zu sehen, daß er lächelte.

Woher hatte er diese Fähigkeit? Als wir ihn

danach fragten sagte er einfach: »Erfahrung!« Das aber kann es nicht allein sein. Woher er das hat, weiß er wohl selbst nicht. Daß er diese Begabung hat, ist ihm bewußt.

Niemand konnte es planen, alle aber haben es ihm gegönnt. Franz fuhr genau über den einzigen kleinen See im Umkreis von über 100 Kilometern. Und natürlich mußte er mit seinem Ballon die paar Meter herunter, um sanft, ganz sanft, denn niemand sollte ja mit nassen Füßen nach Hause kommen, den Boden des Korbes mit Wasser zu benetzen. »Splash and dash« heißt das nicht nur in den USA.

So schön kann kein Flug mit dem Hubschrauber sein, so langsam ist kein Vogel. Das Phantom schwebte genau neben der Abbruchkante der Vorberge zu seinem letzten Wendepunkt. Vielleicht trieben ihn Leewinde, vielleicht half die Ablenkung der Luftströmung durch den Berg. Auf jeden Fall aber näherte er sich der letzten Teilstrecke.

Mit einer Angelrute hätte man den Berg berühren können, mit ein wenig Mühe könnte einer der Passagiere abspringen, das aber wollte natürlich niemand. Sie kamen herab von den Bergen, hoben sich langsam über den kleinen Fluß, schoben sich wieder hinein in das Tal. Dreiviertel des Kurses waren geschafft.

Jetzt stand die Sonne schon hoch. Jetzt war die Luft erwärmt. Jetzt begann die Thermik zu wirken. Jetzt war eigentlich die Zeit des Ballonfahrens vorbei. Aber es fehlten noch 500 Meter.

Sie standen bewegungslos in der Luft. Sie wechselten die Höhe. Sie trieben Zentimeter für Zentimeter in die falsche Richtung. Sie kamen wieder herunter. Sie stiegen schnell auf 50 Meter. Sie fielen wieder ab. Das Lächeln auf Franz Gesicht war verschwunden. Sportlicher Ehrgeiz hatte ihn gepackt. Jetzt wollte er es zu Ende bringen. Greifbar war das Ziel. Irgendwie mußte es doch klappen.

Und dann waren sie wieder ganz unten. Unter dem Korb noch 1 Meter bis zu den Pflanzen. Sie bewegten sich langsam, ganz langsam, kaum wahrnehmbar in die richtige Richtung.

Am liebsten wären wir hingelaufen und hätten geschoben. Aber das ging natürlich nicht.

20 Minuten später hatte Franz ein Problem. Nur noch wenige Meter bis zum Startpunkt und vor ihm eine winzige, niedrige Stromleitung. Irgendwas Kleines, um ein bißchen Energie in ein kleines Haus außerhalb zu bringen. Ein ernstes Hindernis.

Wenn er den Ballon anheben würde, hieße das stehenbleiben, senkte er ihn ab, so kam er zu dicht heran. Die richtige Luftströmung gab es anscheinend nur dicht am Boden. Längst war es auch richtig warm geworden. Immer häufiger mußte die Hülle mit dem nötigen Auftrieb versehen werden, immer stärker drückte die Energie der Sonne die Kraft aus dem Fahrzeug.

Irgendwann muß ein guter Geist ihm einen winzigen Schubs versetzt haben, denn langsam hüpfte der Korb über die gefährliche Leitung hinweg und driftete in Richtung des Startpunktes.

Auf einmal wurden alle sehr hektisch. Am Startpunkt stand noch ein Auto, das Gebläse versperrte den Weg, Teile unserer Ausrüstung lagen herum. Diesmal war es gut, daß Autos schneller sind als Ballone, denn es war ein weiter Weg zu fahren.

Einmal um die vielen kleinen Häuser herum, die sich wie ein kleines Dorf in die Landschaft schmiegten und dann mit Vollgas die 1800 Meter lange Landebahn wieder zurück. Hin zu dem kreisrunden Wendeplatz für Flugzeuge, dem Startplatz. Die einen brachten die Fahrzeuge weg, andere rissen die Ausrüstung vom Asphalt und alle starrten gebannt auf die letzten Meter des Weges in der Box.

Diese letzten Meter gehen schnell, denn Franz war gezwungen gewesen noch einmal die Höhe zu wechseln. Nun muß er mit Schwung verschiedene Luftschichten durchqueren. Die Mitfahrer sitzen derweil bereits am Boden des Korbes und bereiteten sich auf den Schlag vor, der das Aufsetzen bedeutet. Nur Franz sieht noch über den Korbrand. Eine Hand am Brenner, die andere an der roten Leine.

Abbremsen kurz vor dem Aufsetzen. Die Flamme schießt in die Hülle. Gasventil schließen, rote Leine ziehen. Auch Franz geht in den Keller und dann, mit leichtem Schlag setzt der Korb auf die Spuren des morgendlichen Aufbruchs. Die erste Box auf der Ranch ist gefahren.

Als Barron Hilton am nächsten Tag mit seinem Flugzeug kam, wußte er schon längst Bescheid. Franz ist die Box gefahren, die erste hier. Barron strahlte, denn auch er ist Ballonfahrer, kann die Schwierigkeit einschätzen. Und wo der »Champagne« stand, das wußte er auch.

Einen Tag später ist unsere Ballonfamilie fast

Triumph: Die erste Box auf der Ranch ist gefahren.

komplett. Unser Freund Ton Kurvers ist mit seinem Ballon in Amerika unterwegs, weiß, daß wir hier sind und ist Hunderte von Kilometern über staubige Straßen gefahren, um uns hier zu treffen.

Ton ist ein äußerst kreativer Mensch und er lacht gern. Sein einziges Problem, er kann all die Ideen, die er hat, kaum umsetzen. Als wir ihn vor dem Start suchen, finden wir ihn bis zu den Hüften im kleinen See hinter der Ranch, im Wasser stehend. Er hat die Idee einen Tisch dort aufzustellen.

Später legt er eine weiße Decke darauf und dann funkelt ein silberner Champagnerkühler mit einer edelen Flasche im frühen Morgenlicht.

Tons Idee ist ein besonderer Wettbewerb. Mit dem Ballon starten, den See erreichen und aus dem Ballonkorb die Flasche greifen. Leider ist uns das allen nicht gelungen. Und so steht wohl bis heute die Flasche mit dem edlen französischen Tropfen im kleinen See neben der Ranch. Dies nur als Tip, falls sie demnächst mit ihrem Ballon mal an der Ranch vorbeikommen.

Später verblüfft Ton Barron Hilton damit, daß er inmitten einer völligen Windstille nicht im spitzen Wüstengestrüpp landet und damit die Ballonhülle gefährdet. Er dirigiert seinen Ballon so geschickt, daß er mit dem Korb genau auf der kleinen Ladefläche eines LKW landet und sich von dem im Schrittempo mit dem noch gefüllten Ballon über sich, zur Straße bringen läßt.

General, Chefausbilder der russischen Kosmonauten und er ist ein russischer Volksheld. Vor Jahren hatte er in einer Selbstmordmission die russische MIR-Station gerettet, als nach einem Energieausfall ihr Verlust drohte. Wie ein Volksheld gibt er sich allerdings nicht. Er ist ganz einfach nur Vladimir.

Später haben wir ihn in Moskau noch des öfteren getroffen. Er war in Generalsuniform, traf uns in seinem Sternenstädtchen, hatte quasi also ein Heimspiel. Aber auch dort war er bescheiden, bezahlte die Häppchen in seinem Büro aus eigener Tasche und war bemüht, im Rahmen des Möglichen versteht sich, die Neugier der westlichen Journalisten zufriedenzustellen.

Vladimir ist, so glauben wir inzwischen, eigentlich immer der gleiche. Ein bescheidener, hochqualifizierter Wissenschaftler und Philosoph. Von den philosophischen Fähigkeiten konnten wir uns am gleichen Abend überzeugen. Er sprach von seinen Schwierigkeiten im Raumschiff. Von Kristallen und darüber, wie die Menschen ihre Umwelt selbst zerstören. Nicht nur in Rußland, auch anderswo. Aber er konnte auch zuhören.

Seine Fähigkeit besteht darin, zu wissen, zu hören und Gedanken weiterzuentwickeln. Er erzählte auch von seiner Zeit, als er noch Offizier draußen im Land war. Als es galt, einfachen Soldaten Befehle und Motivationen zu vermitteln.

Da war zum Beispiel die Geschichte von einem Soldaten, der seinen Posten als Wache verlassen hatte und deshalb bestraft werden sollte. Er, als der befehlshabende Offizier, aber ging zu diesem Soldaten hin und fragte, warum er denn den Posten verlassen habe. Ob es einen Grund gäbe. Der kleine Soldat wirkte verzweifelt. Strafen in der russischen Armee sind drastisch. Da kam ein hoher Offizier daher und verlangte Auskunft. Er erkannte seine Chance und versuchte zu erklären: In seiner Heimat, er kam aus Kasachstan, regnet es häufig. Felder und Dörfer werden überschwemmt. Man geht hin und zieht kleine Gräben, damit das Wasser wieder ablaufen kann. Daran hatte er sich erinnert und es hier auch so gemacht, nämlich mit einem Gewehrkolben Gräben gezogen. Deshalb hatte er seine Wache nicht eingehalten. Er war nicht dagewesen um Schaden abzuwenden. Ein Gespräch hatte die hilflose, vielleicht auch nutzlose Handlung aufgeklärt. So stellen wir uns die Arbeit von Führungskräften vor. Zuhören und dann erst entscheiden.

Vladimir erzählte uns also von den Versuchen, aus Kristallen, unter sterilen Verhältnissen im Weltraum gezüchtet, Speicherträger für Computer herzustellen. Dann geht er ins Detail. z.B. das

Auf der Fahrt in die Geisterstadt Bodie: Ein Hauch Wildwest.

In Tieffahrt durch das Tal: Auf der Suche nach geeignetem Wind.

Gehirn des Menschen, das, was für uns alle sinnvoll sein könnte. Immer wieder landet er bei dem Sinn unserer Arbeit und Bemühungen für den Menschen.

Vladimir hat Monate im All Zeit gehabt, um über all dies nachzudenken. Entweder man wird da verrückt oder man wird Philosoph. Dazwischen gibt es nichts. Vladimir wurde Nachdenker und Vordenker. Einer, dem man zuhören sollte. Er bevormundet nicht, er weiß es nicht besser, er fragt. Endgültige Antworten hat er nicht, er hat Vorschläge und er kann sie begründen. Vladimir ist ein bescheidener Mann. Ein Sokrates des 20. Jahrhunderts.

Wieder war es viel zu früh. Ballonfahren ist immer mit zu frühem Aufstehen verbunden, es sei denn, man fährt in Alaska. Vielleicht sollten Ballonfahrer umziehen. Wir aber waren in Nevada.

Es war Sommer. Ballone erheben sich nur deshalb in die Luft, weil aufgrund des Temperatur-Unterschiedes innen weniger Luftmasse ist als draußen. Je höher der Temperatur-Unterschied, desto leichter. Eben drum. Aufsteigezeit kurz vor Sonnenaufgang, damit man was sieht, abzüglich Rüstzeit, abzüglich Fahrtzeit. Und deshalb stehen Ballonfahrer so früh auf. Alaska müssen wir vergessen.

Um vier Uhr haben wir uns vor dem Hauptgebäude der Ranch getroffen. Kisten mit Sandwich und Getränken eingeladen. Es ist ein Überlebensgesetz in der Wüste, niemals ohne Getränke loszufahren.

Der feine Geruch von Staub, Sand und Wüstenpflanzen lag in der Luft. Irgendwo in der Ferne war das Heulen eines Kojoten zu hören. Dann holperten unsere Fahrzeuge über die staubige Wüstenstraße. Man muß Abstand halten, wenn man nicht allzu viel Staub schlucken will.

Geisterhaft leuchteten die Scheinwerfer des vor uns fahrenden Fahrzeuges in der Wüste. Ab und zu sahen wir im fahlen Scheinwerferlicht Kuhfladen auf der Straße. Also mußte die Gegend bewohnt sein.

Neben uns rauschte ein Bach. Plötzlich hatte es den Anschein, als fiele das Auto in ein tiefes Loch. Ausspülungen der Straße. Ebenfalls Folge von schweren Gewitterregen, die selten aber intensiv über diese trockene Landschaft hereinbrechen. Manchmal überquerte das Auto eine rumpelige Furt. Hier war wohl eine der kleinen Brücken weggerissen worden.

Wir waren alleine unterwegs. Vielleicht waren wir inzwischen die einzigen Menschen auf der Erde, so einsam wirkte die Gegend.

Irgendwann sind wir dann mitten auf der Straße stehengeblieben, haben die Lichter unserer Autos gelöscht und zum übervollen Sternenhimmel gestarrt. Jetzt waren wir nicht mehr nur arme gefangene Erdenbürger, jetzt waren wir Teil des unendlichen Firmaments.

Vladimir erzählte mit leisen, stillen Worten, was wir da sahen und vertiefte noch diese Stimmung. Als wir weiterfuhren, hat niemand mehr ein Wort gesprochen. Wir kamen zu einer großen Kreuzung von zwei staubigen Wüstenstraßen, weit und breit kein anderes Auto in Sicht.

Wir sind alleine auf der Welt. Dann passieren wir ein Schild mit der Aufschrift: »Straße nach Bodie gesperrt.«

Wir holpern trotzdem weiter und hoffen, daß dies einer der wenigen Tage ist, an dem die Straße überhaupt befahren werden kann. Noch immer ist nirgendwo ein Mensch zu sehen und dann... Mitten auf der Straße steht ein Cowboy. Wie im Kino. Auf einem Pferd sitzend, Colt an der Seite, Gewehr im Halfter. Hollywood läßt grüßen.

Der hier aber war echt und fragte ganz selbstverständlich, ob wir denn ein paar Kühe gesehen hätten, verirrt, irgendwo auf der Straße. Die Frage ist nicht leicht zu beantworten, denn wo hätten wir in der tiefen Finsternis verlorene Kühe sehen sollen? Dann fuhren wir weiter, auf der Jagd nach neuen Erlebnissen.

Der Weg führte noch immer steil bergauf, vorbei an verfallenen Häusern. Manchmal ist nur noch der Grundriß zu erkennen. Irgendwann waren sie ein Ziel für jemanden gewesen und ein Endpunkt für Glück oder Unglück, für Erfolg oder Mißerfolg. Meistens war es ein Mißerfolg. Wir sind am ehemaligen Ortsrand von Bodie angekommen.

Wer hier früher herreiste, den begleiteten die Worte, deren Aussage etwas endgültiges hatte: »Goodbye god, I'm going to Bodie«.

Bodie war für viele Menschen Endstation. Fast 10 000 Einwohner hatten hier einmal gelebt. Genauer, 10 000 Weiße, denn Indianer, Chinesen, Schwarze wurden damals nicht mitgezählt. Sie durften nicht einmal auf dem Friedhof der Weißen beerdigt werden.

Bodie war berüchtigt wegen der Schießereien in den Saloons und auf den Straßen. Gefürchtet wegen der Krankheiten, gegen die es kaum Medikamente gab, aber auch wegen des schlimmen Klimas. Mord und Totschlag waren an der Tagesordnung. Wurde eines der Opfer beerdigt, dann bimmelte die Feuerglocke so oft, wie der oder diejenige an Jahren gezählt hatte. So hörte das Bimmeln der Glocke niemals auf.

Das Ereignis am frühen Morgen des 13. Juni 1888 ist eine der überlieferten Geschichten. Im »Shamrock-Saloon« standen die Männer im dichten Qualm des Tabaks. Sie tranken irischen Whiskey oder standen am Spieltisch. Plötzlich entspann sich ein Streit zwischen Alex Nixon, mächtiger und populärer Präsident der Minors Union und einem Mann, namens Tom Mc

Vladimir Dzhanibekov, der russische Kosmonaut, kurz vor dem Start. Der Mann, der einst die russische MIR-Raumstation rettete, ist Gast im Ballon.

Donald. Mc Donald zog seinen Revolver, feuerte und traf Nixon in die Seite, während der zur Erde stürzte, zog er ebenfalls seinen Revolver und schoß. Nur zwei Stunden später starb Nixon an den Folgen der Schußverletzung. Weit über die Grenzen hinaus wurde später die Bezeichnung »Bad man of Bodie« zum Begriff für einen schlimmen Bösewicht.

Immer wieder wurde Bodie durch große Feuer teilweise zerstört. Von den 1500 Gebäuden, die es hier einst gab, stehen heute noch etwa 150. Das letzte große Feuer ereignete sich 1932, als ein kleiner Junge namens Bodie Bill an seinem Geburtstag statt Kuchen einen Pudding bekam. Grund genug für ihn das Fest zu verlassen und das Haus seiner Eltern anzustecken.

Unser Phantom zieht über ein Haus hinweg, das einst die Begräbnisanstalt beherbergte. Noch heute kann man dort die Leichentransportkutschen und -särge besichtigen. Auffallend, viele kleine Kindersärge stehen dort als Hinweis darauf, daß viele der Kinder durch das schreckliche Klima und die Krankheiten nur wenige Jahre alt wurden. Der Begräbnisunternehmer in Bodie, treffend »Undertaker« genannt, fand eine frühe Form des Recyclings. Nachdem er die Verstorbenen begraben hatte, eilte er in der kommenden Nacht auf den Friedhof, buddelte sie wieder aus und verkaufte die Särge erneut. Als dies eines Tages herauskam, hat man ihn dafür gehängt.

Mark Twain, der nicht in Bodie, sondern im nahegelegenen Aurora wohnte, war hier als Goldgräber aufgetaucht. Er hatte viel Geld verdient und es anschließend wieder mit Alkohol und leichten Mädchen durchgebracht. Danach entdeckte er seine journalistischen und schriftstellerischen Leidenschaften.

Viele merkwürdige Typen hatte der Goldrausch nach Bodie gelockt. Einer davon hatte einen langen weißen Bart, was ihm den Spitznamen »Buffalo Bill« einbrachte. Er hatte seinen Hund dazu abgerichtet alles zu stehlen, was er erwischen konnte. Eines Tages rannte der Hund mit einem liebevoll eingewickelten Päckchen durch Bodie.

Mitten durch Bodie: Das Phantom schwebt die Mainstreet hinauf.

Dabei löste sich die Schnur der Verpackung und der Vierbeiner rannte mit einer spitzenverzierten Damenunterwäsche quer durch den Ort.

Nichts fürchtete Buffalo Bill mehr, als bestohlen zu werden. Am meisten ärgerte ihn, daß das so schwer erhältliche und damit teure Holz dauernd vor seinem Haus gestohlen wurde. Daraufhin beschloß er, dem Dieb eine Falle zu stellen und bohrte ein Loch in mehrere Holzscheite. Dieses füllte er mit Schwarzpulver. Als er eines Tages im eiskalten Winter sein Holz zusammenraffte und es in den Ofen warf, vergriff er sich und warf eines der präparierten Holzscheite in seinen eigenen Holzofen. In einem Feuerball beendete er sein Leben.

Der schwarze Ballon zieht über die Mainstreet. Ort der wilden Saloons und der Prostituierten, die in der Westernstadt lebten. Deren Ruhm hat viele Jahrzehnte überdauert und eine davon, Rosa May, gilt bis heute als eine Dirne mit goldenem Herzen. Sie schrieb den Goldsuchern, die zumeist Analphabeten waren, die Briefe nach Hause, sie pflegte sie, wenn sie krank waren und starb eines Tages, als sie sich bei dieser Pflege mit einer Krankheit infizierte. Eine andere hieß Lotti Johl und war mit dem deutschen Metzger Elie Johl verheiratet. Nach ihrer Eheschließung wurde sie eine brave Frau und durfte später auf dem Friedhof von Bodie trotzdem nicht beerdigt werden. Das gefiel ihrem Mann gar nicht. Und er setzte durch, daß sie einen eigenen kleinen Friedhof auf dem Friedhof bekam.

William Body war der Gründer der Stadt. Er hatte an einem heißen Tag im Juli 1859 der Platz entdeckt, und nachdem er Gold gefunden hatte, mit seinem Partner Black Taylor eine Hütte gebaut.

William Body, der aus New York kam und deutscher Abstammung war, erfror nur wenige Monate später in einem Blizzard. Nachdem die beiden sich im Schnee verirrt hatten und stundenlang in der Kälte durch den Schnee gestapft waren, fiel Body entkräftet in das eiskalte Weiß. Taylor eilte weiter, fand die Hütte, stärkte sich

Innenansicht: Noch immer sind die Goldgräberhäuser in Bodie gut erhalten. Sie werden von Rangern geschützt.

und machte sich wieder auf die Suche nach seinem Partner.

Im dichten Schneetreiben konnte er ihn jedoch nicht mehr finden. Den Rest des grimmigen Winters saß er nun allein in der Holzhütte, glaubte immer wieder die Stimme seines Freundes zu hören, und wurde halb verrückt dabei.

Viele Jahre später wollten die Bewohner Bodies dem Entdecker ihrer Stadt ein Denkmal setzen. Als das gerade fertiggestellt war, wurde der amerikanische Präsident James A. Garfield ermordet. Daraufhin schraubten die Bewohner Bodies die Platte mit dem Namen Bodys wieder ab und befestigten eine Inschrift für den toten Präsidenten.

Jetzt lag Bodie zu unseren Füßen. Die Ranger, die heute hier wohnen behaupten, es spuke hier. Einige behaupten das sogar mit tiefer Überzeugung, nachdem einer ihrer Kollegen mitten in der Nacht in ein Haus ging, aus dem merkwürdige Geräusche zu hören waren. Er brach mit dem Boden ein und kam dabei ums Leben.

Eine andere junge Rangerin erzählte uns von einem Schaukelstuhl, der lange in dem Haus stand, das sie mit einer Kollegin bewohnte. Dort habe früher eine Frau gesessen, die auf ihren Mann wartete, der im Krieg gefallen war. Dabei strickte sie, saß am Fenster und wippte im Schaukelstuhl. Noch lange nach ihrem Tod begann dieser Schaukelstuhl, von Zeit zu Zeit, von alleine zu wippen. Später verschwand er unter mysteriösen Umständen und konnte nie mehr aufgefunden werden.

Die Einwohnerzahl, normalerweise an den Ortsschildern dokumentiert, beträgt 3. Es sind die Ranger, die aufpassen, daß hier kein Unsinn angestellt wird. Allerdings nur im Sommer, denn im Winter liegt hier so viel Schnee, daß ohnehin niemand herkommt. Da erübrigt sich das Problem. Früher war das natürlich genauso. Aber diese Zeiten sind lange vorbei.

Zuerst war der Goldrausch, dann verfiel der Goldpreis und machte den aufwendigen Abbau des Goldes unwirtschaftlich. Sie sind einfach weggegangen. Und die paar Einwohner die dablieben, die hatten nur noch wenig zu tun. Irgendwann dann brannte die Hälfte der Häuser ab.

Als wir in Bodie morgens ankamen, war einer der diensthabenden Ranger schon da. Er stand auf dem großen Parkplatz und wartete auf uns. Natürlich hatten wir uns eine Genehmigung eingeholt, in Bodie, der Stadt der Geister, mit unserem Phantom starten zu dürfen.

Heute haben wir auch nicht beim Aufbau des Ballons geholfen. Heute war alles ganz anders. Heute waren einige Leute der Ranch mitgekommen, die helfen wollten. Wir hatten also frei, konnten uns auf die Arbeit mit den Kameras und auf das Schauen beschränken.

Die wenigen Häuser, die heute noch existieren, vermitteln immer noch ein beeindruckendes Bild. Obwohl sie seit Jahrzehnten verlassen sind, sieht es doch so aus, als wären die Bewohner der Häuser erst gestern gegangen. Im Laden liegen noch Waren in der Auslage, unten an der Tankstelle steht ein alter Ford T und wartet auf einen Fahrer. Leider ist seit langem schon keiner mehr gekommen.

Gleich nebenan ist ein Haus, von dem behauptet wird, es spuke darin. Das ist natürlich nicht sehr amerikanisch, aber was Engländer und Deutsche können, sollte sich die USA auch leisten können.

Davor ist ein weites Feld und das ist bedeckt mit Schrott. Überall liegen alte Maschinenteile umher, Dampfmaschinen sehen so aus, als sollten sie bald wieder in Betrieb gesetzt werden und ein paar alte Autos gibt es auch noch. Sogar ein kleines Häuschen mit eingeschnittenem Herzchen ist zu finden. Weil all dies aber als historisch bezeichnet wird, haben wir es natürlich nicht benutzt.

Oben an den Bergen ringsum, Schutthalden. Sie haben einfach Stollen in die Berge getrieben. Sie haben den Abraum liegen lassen. Das edle Metall haben sie fortgeschafft. Reich sind nur wenige geworden. Mark Twain auch nicht. Zwischendurch hatte er zwar sehr viel Geld gemacht, dann aber hatte er es verspielt, ausgegeben in den Kneipen, bei den Frauen gelassen. Und als er nichts mehr hatte wurde er Redakteur bei der Zeitung von Bodie. Hätte er sein Geld nicht verpraßt, dann wäre vielleicht nie herausgekommen, daß er ein exzellenter Beobachter war.

Unser Ballon-Phantom hatte still, fast unspektakulär abgehoben. Außer dem Ranger und uns sind nur noch ein paar deutsche Touristen da. Es müssen wahre Frühaufsteher sein. Franz hat den Befehl an Vladimir übertragen. Der freut sich natürlich, daß er fahren darf, hat aber wohl auch ein bißchen Angst vor diesem ungewohnten Gerät, aber zur Not ist Franz ja auch dabei.

Über der Geisterstadt: Nach der Jungfernfahrt des Phantoms kommen nun auch andere Ballonfahrer hierher.

Wir fahren das Tal entlang, ein kurzes Stück die Strecke zurück. Dann aber klettert Vladimir mit dem Phantom den Hang hinauf, schwenkt über die weiten Ausläufer der Abraumhalden hinweg und bekommt den morgendlichen Gegenwind in der höheren Luftschicht. Als wir über den Bodie Hill steigen, eröffnet sich uns eine unendliche Fernsicht. Im Westen liegen die schneebedeckten Berge der High Sierras, links unten der Monolake, ein Salzsee, dessen Wasserspiegel seit Jahren sinkt.

Es wird erzählt, daß die Stadt Los Angeles mit ihrem unstillbaren Durst aus diesem Gebiet viel Wasser ableitet und mit einem monumentalen Bauwerk bis nach Los Angeles bringt. Da dem See weniger zufließt als ihm entnommen wird oder verdunstet, ist der Wasserspiegel gefährlich abgesunken.

Unser Ballon sinkt wieder und wir ziehen über die verlassenen Häuser von Bodie. Wir überqueren die kleine Kirche an der Kreuzung. Links davon verschwindet die alte Tankstelle hinter dem Nachbarhaus. Der alte Ford T bleibt weiterhin zu sehen, er steht auf dem kleinen freien Platz davor. Dampfmaschinenreste und Schrotteile auf der großen Wiese, die früher wohl so eine Art Maschinenstandplatz gewesen war, fressen sich nur mühsam durch das Grün der kargen Gräser. Weiter hinten, auf der gegenüberliegenden Seite des Tals, das weite Viereck des Friedhofs. Der allerdings war eine wichtige und viel besuchte Einrichtung der Stadt. Es war eine wilde Zeit, heute in Filmen als der »Wilde Westen« geschildert. Die Wirklichkeit hat wohl viel schlimmer ausgesehen und weniger heroisch. Aber auch das hat Mark Twain berichtet.

Wir schweben mit dem Phantom genau über einer großen Straße. Früher soll es auch hier Kneipen und andere Etablissements gegeben haben, in denen den Männern das Gold aus der Tasche gezogen wurde, das sie weiter oben aus dem Berg gebuddelt hatten. Jetzt sind nur noch Holzhütten zu sehen, von denen manche aber noch eine große Fassade haben.

Die Ortsgrenze ist erreicht, der Berg beginnt steil anzusteigen, die Straße aber geht fast gerade weiter. Die langen Multrains, wie die Pferdewagen, vor denen zahlreiche Maultiere gespannt waren, genannt werden, mußten sich sehr anstrengen, um die schweren Lasten an dieser Stelle weiterzubringen.

Weiter oben liegen noch mehr Stollen und weitere Hütten. An einigen von ihnen werden wir Schußspuren von großem Kaliber finden. In den Wohnräumen stehen immer noch Bettgestelle, roh zusammengezimmerte Möbel. Ob die Bewohner von den Schüssen Schaden erlitten haben ist natürlich heute nicht mehr herauszubekommen, sie deuten aber darauf hin, daß wilde Gesellen hier lebten, die auch bereit waren, sich mit Brachialgewalt Vorteile zu verschaffen.

Die Sonne ist inzwischen über den Bergrand gestiegen, erwärmt den Boden, die erste Warmluft steigt auf.

Durch das Tal zieht ein Wind, der rasch an Stärke zunimmt. Es wird Zeit zu landen. Franz überblickt schnell die Situation. Wir werden oben auf dem Sattel des Berges landen müssen, oder die Verfolger haben viele Stunden zu tun, uns wieder einzuholen. Ob der Platz, der sich dann zum Landen anbieten würde, überhaupt mit dem Auto erreichbar wäre, weiß niemand. Deshalb die Entscheidung: runter.

Es stellt sich heraus, daß der ausgewählte Landeplatz keine sehr gute Entscheidung war. Auf dem Sattel, zwischen den Ausläufern eines alten Stollens und mehrerer Hütten, kreuzt sich die Straße mit einem kleinen Weg, der dem Kamm folgt. Rings herum alte Holzbalken, Schrott aus dem Bergwerk und verwitterte, knorrige Dornenbüsche. Die Toleranzgrenze liegt bei vielleicht fünf Metern, dann wird es sehr eng. 50 Meter weiter geht es bereits steil bergab, also runter. Zudem zieht der Wind böse hier oben zwischen den Bergen, es muß also eine entschlossene, kurze Landung sein.

Sie ist kurz, sie ist entschlossen und sie rumpelt. Die Außenkamera knallt empfindlich auf die kleinen Felsen, die sich nun, aus geringer Höhe zwischen den Büschen zeigen, aber sie überlebt es. Die Ballonfahrer müssen ganz weich in die Knie gehen um den Stoß abzufedern und die Hülle rauscht auf die Straße. Nur ein kleines Stückchen davon landet sie im Gebüsch. Leider zieht sich das Phantom dabei einen Riß unterhalb des Äquators zu, der geflickt werden muß.

Der Äquator ist die Mittellinie im Rund des Ballons. Alles was darüber ist wirkt tragend, alles was darunter ist hat keine größere Sicherheitsfunktion. Anders gesagt, mit einem Riß oberhalb des Äquators muß man auf jeden Fall auf der Erde bleiben, darunter stört's mehr das Auge.

Wir beschließen, trotzdem die Ballonhülle sofort reparieren zu lassen. Zwei von uns fahren Richtung Reno. Als wir schon lange wieder auf der Ranch sind, bereits an der Bar sitzen, schon anfangen lustig zu werden, kommen die beiden von dort zurück.

Der Ballon ist repariert, mit Sachverstand und mit der Bescheinigung der amerikanischen Luftfahrtbehörde, daß alles in Ordnung sei. Franz hatte die Beschädigung seines Ballons seelenruhig hingenommen, eine Fahrt über Bodie war ihm das wert. Wir aber lesen uns gegenseitig die Reportagen eines gewissen Mark Twain aus der Stadt Bodie, Kalifornien, vor und lernen natürlich dabei, was Mark Twain mit Ballonfahren in Bodie zu tun hatte: nämlich nichts.

Das große Spiel

Barron Hilton hat viele Hotels, in der ganzen Welt und sein Name verbindet sich mit angenehmem Wohnen. Das ist bekannt und eigentlich müßte er Mister Hotel heißen.

Ursprünglich wollte sein Vater eines Tages eine Bank kaufen, in einem Ort der Cisco heißt und in Texas liegt und den bis heute noch kein Mensch kennt. Gekauft hat er dann das Motel in dem er wohnte, weil er dort so unzufrieden war. Der Laden hieß Mobley-Hotel und ist auch bis heute nie über das Nest, in dem es liegt, hinaus bekannt geworden.

Später hat sein Sohn Barron die weltweite Hotelkette übernommen und zu weiteren Erfolgen geführt. Doch der hat noch eine weitere Leidenschaft und die ist das Abheben von der Erde, auf jede mögliche Weise. Wenn es ginge würde er auch auf einem Besen fliegen.

Wer da behauptet Männer seien verspielt und die Hälfte von ihnen habe die elektrische Eisenbahn im Keller, der irrt. Natürlich sind die Herren nicht dem Spieltrieb verfallen, natürlich sind sie ernsthafte Menschen und wenn sie sich trotzdem verirren sollten, dann muß das alles seine sportliche Ordnung haben, gleichgültig ob Eisenbahnen oder größeres Spielzeug.

Barron hatte geladen, morgen, so hatte er abends verkündet, morgen würde alles ausgepackt, was so auf der Ranch herumstehe. Wir wußten, was er damit meinte, denn in dem kleinen Hangar am Ende der Landebahn standen die schönsten Fluggeräte herum und Insider behaupteten, dies sei noch lange nicht alles. So verbrachten wir den Abend in froher Erwartung und, nach einem exzellenten Abendessen von unserem Koch Mike Meat aus Reno, in angenehmer Gesellschaft von Fliegern aus der ganzen Welt und erlesenem Wein aus Kalifornien.

Zum Barron Hilton Cup, dem größten Segelflugwettbewerb der Welt, kommen nämlich die Preisträger aus allen möglichen Ländern, und dieses verrückte Völkchen macht dann eine Woche

Flying-M-Ranch, Phantom und Regenbogen. In der Einsamkeit der Landschaft sind nur wenige Menschen Zeugen unserer Fahrten.

Im Hangar der Ranch steht so manche schöne Maschine aus den Anfangstagen der Fliegerei.

lang die Ranch und den Luftraum darüber unsicher. Aber, es sind die Besten der Welt und sie sind gekommen, weil hier ideale Flugbedingungen herrschen.

Da werden Säckeweise Erfolge eingeflogen und des Abends muß dann leider der eine oder andere mit sanfter Gewalt in den Swimming Pool geworfen werden, weil da schon wieder einer einen neuen Rekord geflogen hat.

Wer in den Pool geworfen wird, sieht den Mond. Das klingt im ersten Moment verwirrend. Man muß die Geschichte dazu kennen. Die begann mit der Schwierigkeit, einen wohlgekleideten Menschen, der abends auf der Ranch des Hotelkönigs sitzt, in einen Pool zu werfen, der draußen im Garten liegt. Die Idee stammt von Barron Hilton selbst. Er hatte sie verbunden mit seinem unnachahmlich verschmitzten Lächeln.

Als eines Abends nach einem mit dem Segelflugzeug erflogenen Weltrekord klar war, daß die beiden Piloten dringend in den Pool müssen, stand Barron auf und fing an von dem wunderbaren Mond zu erzählen, der über dem Wüstenland von Nevada sein Licht ausbreite. Da an diesem Abend auch noch die beiden Mondastronauten Allan Shepard und Eugene Cernan auf der Ranch zu Gast waren, schöpfte niemand verdacht, am wenigsten die beiden Opfer. Alle standen um den Pool herum, die Astronauten und wir blickten auf den Mond, Eugene Cernan erklärte uns auf welchem Teil des Mondes er gelandet war und Barron informierte einige von uns über seine dunklen, nassen Absichten.

Damit war der Begriff »He has to see the moon tonight« geboren und so geht das bis heute. Deswegen gilt: Pilot fliegst du einen Rekord oder gelingt dir sonst etwas außergewöhnliches, zieh' möglichst was altes an, du landest mit Sicherheit im Wasser.

Wie man sieht, eine völlig ernsthafte Sache, die mit Spielerei überhaupt nichts zu tun hat.

Abends den Wein zu genießen und morgens früh aufzustehen sind zwei Angelegenheiten, die nur bedingt zueinander passen. Wenn aber der Chef das Spielzeug herausholen läßt, muß jeder schließlich dabei sein.

Das erste Fluggerät, das auf der Runway auftauchte, war der Hilton Ballon. Eine schöne Hülle in den Farben des Regenbogens, mit einer Technik im Korb, die sich von der europäischen Bau-

Nächste Seite: Bei guten Sichtflugbedingungen steigt alles Fluggerät der Ranch in den Himmel.

weise ein wenig unterscheidet. Hier sind einzelne Bedienelemente auf einem Brett des Korbes untergebracht, übersichtlich angeordnet und gebündelt. Ergonomisch quasi. Ob diese neue Anordnung Vorteile beim Fahren bringt, entwickelte sich zum Expertenstreit und weil wir in diesem Fall nicht zu den Experten gehörten, haben wir uns da ein Mitreden verkniffen.

Barron war natürlich der Komandant, was er sagte wurde gemacht, aber viel reden mußte er nicht, denn seine Truppe war wohl trainiert. In wenigen Augenblicken war die Hülle ausgebreitet, der Ventilator pumpte kalte Luft hinein. Schnell waren die Brenner montiert, und binnen kurzem stand der große Regenbogen am Ende der Rollbahn.

Barron bittet zwei Gäste in den Korb, denn noch steht die Sonne nicht drückend hoch, noch schläft der Wind. Natürlich hat er wieder seine Zigarre zwischen den Zähnen.

Vorsichtig und langsam hebt der Ballon mehrere Meter ab und treibt ein wenig von der Rollbahn weg. Diese Inszenierung hätte Hollywood zur Ehre gereicht.

Jetzt wird es laut auf dem Flugfeld. Hektisch werden Motormaschinen aus den Hangars gezogen, betankt sind sie schon. Als nächstes kommt eine wunderschöne, liebevoll restaurierte Steerman von Boeing auf das Flugfeld. Vor dem Sternmotor flirrt der Propeller. Pilot und Begleiter sitzen im Freien. Nur eine kleine Windschutzscheibe hält den Fahrtwind ab. Die Verstrebungen sind verchromt und glitzern in der Morgensonne.

Ein rotes Ultralight macht Krach. Nur eine Person kann mitfliegen und die sitzt wie auf einem kleinen Gartenstuhl im Freien. Ein paar Hebel, Seilzüge und das Flugzeug ist komplett.

Natürlich kommen auch die Schleppflugzeuge für die Segelflugzeuge aus dem Hangar und ein wunderbarer alter Doppeldecker, eine Staggerwing. Alle Chromteile funkeln als wäre das Flugzeug erst gestern aus der Fabrikhalle gerollt. Überall steigen Menschen in die Maschinen, bepackt mit Fotoapparaten, Filmkameras und voller Erwartung auf ein kleines Abenteuer. Hinten bei der Ranch brummt der Hubschrauber, der darf heute natürlich auch nicht fehlen.

Barron hatte entschieden, daß er ausschließlich für Frank und Bea zur Verfügung stehen sollte, dem Fotografen und der Kamerafrau. Die Seitentüren waren schon lange abmontiert worden, die Rückbank herausgenommen. So hängen die beiden, angeschnallt, aber doch halb im Freien, zwischen Himmel und Erde und versuchen das Ereignis in spannenden Bildern festzuhalten. Für beide ist das nicht nur eine windige, sondern auch eine sportliche Übung. Um gute Bilder zu bekommen, müssen sie sich gegen den Fahrtwind und den Sturm der Rotoren durchsetzen. Natürlich hat man dabei immer ein wenig Angst herauszufallen. Alle Begleiter haben zwar vor dem Start, jeder für sich und alle für die beiden, an den Gurten gezerrt, da wurden Kameras extra an die Leine gelegt, sollte sich eine davonmachen wollen, aber so ein Gurt könnte ja aufgehen, und dann wäre der Weg nach unten physikalisch vorbestimmt.

Frank hat nämlich dazugelernt, nachdem, bei dem Versuch aus dem Hubschrauber heraus Bilder von dem amerkanischen Filmschauspieler Cliff Robertson zu schießen, Akademiepreisträger und Darsteller Kennedys, sein Gurt plötzlich aufging und er später mit extrem weichen Knien aus dem Hubschrauber stieg. Seitdem umwickelt er die Gurtschnalle grundsätzlich mit einem speziellen Klebeband.

Natürlich ist den beiden nichts passiert. Mensch und Material waren mehrfach gesichert, aber für Außenstehende sieht ein solcher Aufbau immer ein wenig fragil aus. Deshalb zerrten alle an Gurten und Sicherungsleinen, der Pilot, der Kameraassistent, der Helfer, der Techniker. Schließlich hatte er all diese Sicherungen eingebaut. Die einzigen, die nicht herumzerrten, waren Bea und Frank. Die waren mit ihrem Gerät beschäftigt.

Frank saß quer auf dem Vordersitz, die Füße auf den Kufen des Hubschraubers, um auch die letzte Ecke erwischen zu können. Bea saß auf dem blanken Boden, die schwere Fernsehkamera auf dem Knie. Die Frontlinse der Optik hing weit draußen, bekam den vollen Schub des Windes ab. Hinterher hatte sie ein paar blaue Flecken mehr, denn es war ausgemacht, daß grundsätzlich der Hubschrauber ausweichen mußte, wenn die Situation unübersichtlich werden sollte. Und als vorsichtiger Mensch ging der Pilot zwar dicht an die Aufnahmeobjekte heran, verschwand aber sogleich nach links, wenn die Situation unklar wurde.

Alles war in der Luft. In weitem Bogen verließen die Maschinen den Platz, um sich dann in

Vorbereitung zum »Splash and dash«. Der Ballon muß sich schon dicht heranwagen und genau die Windrichtung treffen, um die Unterseite des Korbes benetzen zu können.

Es war nicht immer ganz einfach Ton Kurvers Aktionen nachzuvollziehen. Hier aber bereitet er eine Geschicklichkeitsübung mit dem Ballon vor. Als Trophäe winkt die gekühlte Flasche Champagner.

einer großen Spirale von außen dem Mittelpunkt ihres Interesses zu nähern, dem regenbogenfarbigen Ballon.

Barron war auf rund 1000 Fuß aufgestiegen. Im Tal herrschte an diesem Morgen Windstille. Über Grund bewegte sich das Gefährt kaum. Von außen aber kamen sie heran wie die wilden Hornissen. Im Verbandsflug, die langsamste Maschine innen, die schnelleren weiter draußen zogen sie in weitem Bogen um den großen Lampion. Und außen herum, in immer wechselnden Positionen, der Hubschrauber.

Bisweilen tauchte er von oben hinein in diesen Kreis, dicht am Ballon, im Hintergrund die Ranch, die Berge, die Wüste und immer dabei, die kreisenden Flugzeuge. Bisweilen nur wenige Meter über dem Boden eilte der Helikopter diagonal unter der wilden Horde durch, bisweilen in großer Höhe, stehend, die Totale, der Überblick. Und in der Mitte, wie eine Sonne mit ihren Gestirnen, Barrons Ballon.

Zwischendurch kamen sie herunter, wie an einer Perlenschnur gezogen, schließlich wollten alle einmal mitfliegen, wollten das Schauspiel auch von oben sehen, wollten abends natürlich auch mitreden können. Und da unterschieden sich die Damen überhaupt nicht von den verspielten Herren. Von wegen: Nur Männer hätten ihre Spielzeugeisenbahnen im Keller.

Die Luft ist eine Dimension, in die Menschen von Natur aus nicht hineingehören, sonst hätten wir nämlich Flügel. Aber gerade deshalb ist vielleicht unser Traum vom Fliegen so stark. Helmut Reichmann, Segelflugweltmeister, Trainer der deutschen Nationalmannschaft und allem zugetan, was den Menschen vom Boden abhebt, hat einmal gesagt: Ich wünsche mir zu fliegen ohne diese hinderlichen Prothesen, den Flugzeugen, ich möchte schweben wie die Vögel, einfach nur die Arme ausbreiten. Dafür aber sind wir nicht konstruiert und deshalb brauchen wir das technische Gerät.

Unsere Erfahrung hat gezeigt: Je kleiner das Hilfsgerät ist, sich in die Luft zu erheben, um so ursprünglicher ist das Gefühl des Fliegens. Drachenflieger, zum Beispiel, haben ihren Sport deshalb so perfektioniert, weil ihre Kunst im Weglassen liegt. Alles, was nicht unbedingt notwendig ist, wird weggelassen. Dieser Sport erfordert ein hohes Maß an Können und Disziplin. Der kleine Drachen nimmt jeden kleinen Fehler übel, jede Unregelmäßigkeit des Materials und der Flugkunst kann teuer zu stehen kommen. Vielleicht ist Drachenfliegen deshalb die ursprünglichste Form des Schwebens, aber auch die gefährlichste.

Eines vergessen wir nie. Alles birgt auch seine Gefahren in sich und das Wort von dem, der in der Gefahr umkommt, die er sucht, stimmt vor allem beim Suchen der grenzenlosen Freiheit, die das Abheben von der Erde mit sich bringt und vor diesen Gefahren ist niemand gefeit. Auch nicht wenn er weltmeisterliches Können vorweisen kann.

Bei einem gemeinsamen Flug mit dem bekann-

Großes fliegerisches Können ist erforderlich, um mit einer Propellermaschine so dicht an einen Ballon heranfliegen zu können.

Die Straße nach Yerrington. Aus der Luft betrachtet, erscheinen die wenigen Straßen dieser Region in der Wüste als Striche im Sand.

Auf der Flying-M-Ranch dreht sich alles ums Fliegen und Gastgeber Barron Hilton kennt sich mit jedem seiner Fluggeräte bestens aus.

ten amerikanischen Sänger John Denver haben der dreifache Weltmeister im Segelfliegen, Helmut Reichmann, der später auf so tragische Weise ums Leben kam und Frank Franke, diese Erfahrung gemacht. Als sich Helmut und Frank nach einem 300-km-Leistungsflug wieder der Ranch näherten, hatte sich dort eine riesige schwarze Wolke gebildet. Es war abzusehen, daß es bald Schauer und Gewitter über der Ranch geben würde. Mit ausgefahrenen Luftbremsen steuerte das Segelflugzeug der beiden stark nach unten. Über Funk ging die Frage nach unten »Was ist mit dem Wind, steht er noch in Richtung der Hauptbahn, oder ist es besser, auf die unbefestigte Querbahn auszuweichen?«

Unten hatte der Wind inzwischen fast Sturmstärke erreicht und daher auch die dringende Empfehlung, die staubige kurze Querbahn zu nehmen. Das Flugzeug ging in steiler Spirale noch immer mit ausgefahrenen Bremsklappen, sofort in den Landeanflug, ohne einen Kreis und ohne einen Queranflug. Eine verhängnisvolle Entscheidung wie sich schnell herausstellen sollte. Von Ost nach West fiel die Piste zwar stark ab,

aber wenn der Wind von unten kommt, wird es wohl die richtige Entscheidung sein, dachte Helmut. Erst nach der Landekurve merkte Helmut, das etwas nicht stimmte. Das weiße, elegante Segelflugzeug raste mit Rückenwind über den Wüstenboden und überflog die Pistenschwelle.

Die Maschine wollte die letzten zwei Meter über der Piste nicht hergeben, wurde vom starken Wind einfach weitergetrieben. Das Bahnende kam bedrohlich näher und entsetzt sahen die beiden, daß genau dort, wo sie mit unverminderter Geschwindigkeit darauf zu jagten, ein Auto und ein Schleppflugzeug standen. Links und rechts neben der Piste lagen große Felsbrocken, nur noch 200 Meter, der Crash schien unvermeidlich.

Barron Hilton stand kurz vor dieser lebensgefährlichen Situation an der Piste und unterhielt sich mit einem anderen Piloten. Wie er bis heute nachdrücklich erzählt, hatte er plötzlich das starke Empfinden, den Bereich, auf den Helmut und Frank zurasten, freizuräumen. Der zweite Pilot und er waren daraufhin zu der Stelle gefahren. Während die beiden im Auto unterwegs waren, sahen sie plötzlich mit Schrecken, wie Helmut

Der deutsche Erfinder Dr. Erhard Baer und der amerikanische Sänger John Denver.

Auf der Ranch sind oft prominente Leute zu Gast – der amerikanische Astronaut Eugene Cernan zum Beispiel.

und Frank mit dem Segelflugzeug steil herunterkommen.

»Verdammt der fliegt verkehrt herum an«, stellten sie erschreckt fest. Barron Hilton fuhr die Bahn hinunter, was das Auto hergab. Vollbremsung am Bahnende. Barron sprang in den Wagen, der die Kreuzung der Piste blockierte. Der zweite Pilot war so schnell wie nie zuvor, auf dem Pilotensitz der Cessna, die Räder des Chevrolet quietschten, die Cessna wirbelte unter Vollgas Staub auf, das Segelflugzeug raste über die Sandpiste auf dieses Chaos zu. Helmut schrie zu Frank, der auf dem Rücksitz erschrocken den Kopf einzog »Festhalten, es kracht«.

Im Sand der Piste schien es keinen Halt zu geben. Das Segelflugzeug zielte auf die kleine Lücke zwischen Cessna und Chevrolet, aber es war klar, die Spannweite des Flugzeuges war zu groß. Dann wirbelte plötzlich hinter der Cessna, kaum 100 Meter vor dem heranrasenden Segelflugzeug, eine lange Staubfahne auf. Wie von Geisterhand gesteuert, bewegten sich Cessna und Chevrolet zu verschiedenen Seiten, die Lücke zwischen ihnen vergrößerte sich. Das Segelflugzeug brach durch die sich öffnende Lücke, überquerte die Hauptpiste und kam etwa 50 Meter dahinter an einem Stacheldrahtzaun zum Stehen. Nichts, gar nichts war passiert. Helmut drehte sich zu Frank um, der war ganz klein geworden in seinem Sitz. Es war vorbei, die beiden hatten unbeschreibliches Glück gehabt und kletterten aus dem Flugzeug. Retter und Gerettete fielen sich in die Arme und Helmut und Frank konnten kaum fassen, daß Barron auf die Sekunde genau, gerade noch rechtzeitig, die Idee hatte, die Piste freizuräumen. Barron Hilton glaubt bis heute, daß der Impuls die Stelle zu räumen nicht von ihm allein kam.

In der Wüste unter uns werden die Schatten kürzer, die Sonne steigt weiter, strebt dem Zenit zu. Damit geht hier die kurze Periode des Ballonfahrens zu Ende. Nachts ist es hier nämlich bitter kalt. Drüben auf den grünen Feldern mit der Beregnungsanlage, ist das Eis der Nacht schon lange getaut. Der Temperatur-Unterschied zwischen dem Balloninneren und der freien Luft wird immer geringer. Der Ballon verliert an Auftrieb. Er muß landen.

Ballonfahren ist, ebenso wie bestimmte Formen des Segelfliegens, ein Sport für Teams. Alleine kann niemand so ein Ding aufbauen, alleine kann es niemand starten bis auf wenige Ausnahmen, zurückbringen kann es auch niemand alleine. Den Weg bestimmt der Wind, den muß man suchen, die richtige Richtung erwischen und dann, wenn man Glück hat und es auch kann, dann werden die Wege kürzer für die Rückholer.

Heute war der Wind schwach gewesen, heute mußte keine große Strecke gefahren werden. Aber, der Ballon hing vielleicht 50 Meter neben der Landebahn und jede Form von Wind hatte sich verabschiedet. Der Ballon hing fest. Barron

Die Wüste ist unerbittlich und verzeiht keinen Fehler. Besonders wichtig ist es deshalb, einen Landeplatz zu finden, den die Verfolger auch anfahren können.

hielt den Ballon in wenigen Zentimetern Höhe, unten standen wir herum und unterhielten uns mit ihm. Das aber konnte nicht die Dauerlösung sein.

Aber wir waren ja in Amerika und da läßt sich irgendwer schon was einfallen. Der Ballon wurde also geschoben, mangels Windes versteht sich. Ein ungewöhnliches Schauspiel nahm seinen Anfang. Barron rief über Funk den Hubschrauber, der hob ab und näherte sich dem Ballon.

Der Pilot stellte den Drehflügler schräg und erzeugte damit Wind.

Langsam begann der Ballon sich weiterzubewegen. Hubschrauber schiebt Ballon, wenn das keine Idee ist.

Dann ließ Barron den Ballon sinken und wieder hing er in geringer Höhe fest. Es herrschte Windstille. Also zogen einige Männer den Ballon in Richtung der Bahn. Das ist zwar ein wenig mühsam, denn so ein großes Ding hat eine beträchtliche Trägheit, über den kleinen Zaun aber konnte der große Lampion mit einer Hand hinweggehoben werden. Dann stand da der Pick-Up bereit und zum ersten Mal konnten wir erleben wie ein Auto einen Ballon abschleppte. Hin zu einem guten Platz für einen gemütlichen Abbau, ans Ende der Bahn, denn da war Platz genug und die Hülle lag nicht im Wüstenstaub.

Später, nach dem Frühstück, saßen dann alle in der großen Halle der Ranch und erzählten sich gegenseitig ihre Erlebnisse, ihre Eindrücke. Die Bilder der elektronischen Kameras wurden wieder und wieder angesehen und jeder von uns hatte eigentlich etwas anderes erlebt. Jeder hatte vom Erlebten eine andere Sicht. Und weil das so war, konnte ein jeder auch eine andere Geschichte erzählen. Und das unterscheidet das Ballonfahren in der Wüste vom Spielen mit elektrischen Eisenbahnen. Da soll mir doch einer erzählen, Männer seien verspielt. Sie wollen in Wahrheit nur Geschichten erzählen.

Geschichten hörten wir in den nächsten Tagen noch viele. Komische und ernste und nachdenkliche. Die kamen vor allem von den beiden Mondastronauten Ellen Shepard und Eugene Cernan und von dem Mann, der monatelang im All gewesen war, Vladimir Dzhanibekov.

Abends wenn der Wind eingeschlafen war und die Kraft der Thermik nachgelassen hatte, saßen wir mit ihnen zusammen, unter dem unglaublich stahlklaren Sternenhimmel der Wüste. Dann erinnerten sich die beiden Mondastronauten an die Anfänge der Raumfahrt und ihren Gefahren.

Allan Shepard meinte dazu, »das war zu einer Zeit, als man noch daran zweifelte, daß ein Mensch unter schwerelosen Bedingungen für längere Zeit ein Raumfahrzeug manövrieren könnte.«

Wieder standen wir im Garten der Ranch und schauten zum Himmel. Wir blicken auf die unzähligen Sterne, die Milchstraße, die von hier aus wie eine Straße wirkt. Von Zeit zu Zeit leuchtet ein Stern besonders hell und wenn man längere Zeit hinschaut, wird klar, daß er sich bewegt. Dann ist es einer der vielen Sateliten, deren Existenz durch die Raumfahrt erst möglich wurde.

Wir schauen die beiden an und fragen sie, was es für sie bedeutet hat, zu den wenigen zu gehören, die den Mond betreten haben.

Allan Shepard antwortet nachdenklich: »Eigentlich hat es meine Lebenseinstellung und Philosophie nicht verändert, aber dennoch hat der Blick zurück auf die Erde, das Bild dieses schönen, bunten Planeten bei mir ganz spontane Gefühlsregungen ausgelöst. Das also ist unser Zuhause, habe ich zu mir selbst gesagt.« Wie still, friedlich und zerbrechlich die Erde doch ausschaut.

Und dann wurde mir klar, das gerade jetzt in diesem Moment, dort viele Konflikt bestehen, zwischen Nationen, Staaten und Menschen und dann dachte ich, wie schade es eigentlich ist, daß man nicht jedem Erdenbewohner mit auf den Mond nehmen kann, um ihm zu zeigen, wie kostbar und leicht zerstörbar dieser Planet ist.«

Eugene Cernan setzt in der plötzlichen Stille, die aufgetreten ist, fort:

»Es war eine so einmalige und seltene Erfahrung. Es war ein besonderer Moment, zurück zur Erde zu schauen, von Pol zu Pol blicken zu können, von Kontinent zu Kontinent. Das war das eigentlich Aufregende und nicht etwa auf dem Mond zu stehen.«

Beide sind davon überzeugt, daß wir nicht die einzigen Lebewesen sind, die in der Unendlichkeit existieren. Empfinden es fast als eine Vermessenheit zu glauben, daß auf unserer winzigen Erde und nur hier, Leben sei.

»Irgendwo da draußen«, sagt Eugene Cernan, »gibt es weitere Lebewesen. Und eines Tages wird es einen Weg geben zueinander zu finden.«

»Do you have a permission?«

Ganz langsam zog unser Phantom über die mondähnliche Landschaft. Unten, fast schnurgerade, durchschnitt eine einzelne Straße die rote Erde. Es war kurz nach fünf Uhr früh und wir glitten über das ebenso faszinierende, wie erschreckende Tal des Todes. Dann kam ein einzelnes gelbes Fahrzeug mit einer langen Funkantenne über die Straße gerollt, hielt an, zwei Männer stiegen aus und starrten auf den langsam dahingleitenden großen schwarzen Ballon.

»Jetzt haben wir ein Problem«, erkannte Franz folgerichtig, denn eine Genehmigung für unsere frühe abenteuerliche Ballonfahrt hatten wir leider nicht. Dazu waren wir zu spät in Death Valley eingetroffen.

Am Abend zuvor waren wir viele Stunden mit unseren Fahrzeugen die High Sierras entlanggerollt. Schroff ragten die Spitzen der Berge in den Himmel, beindruckend zeichnete sich der Mount Witney gegen den Hintergrund ab.

Als wir um 23.00 Uhr in das Motel in Stove Pipe Wells stolpern, glüht noch immer der Boden von der Hitze des Tages. Im kleinen Schwimmbecken tummeln sich späte Gäste, die der Hitze ihres Motelzimmers entflohen sind. Als wir in unser Zimmer kommen, sind wir dort nicht alleine. Eine ganze Schar von Kakerlaken eilt durch das kleine Badezimmer. Im Waschbecken kämpft eine kleine Tarantel um's Überleben.

Später sitzen wir im Saloon, in dessen Bar aus Anaconda sich ein buntes Volk versammelt hat. Urlauber und Abenteurer, aber auch Versuchsingenieure der Automobilindustrie, die hier im Tal, in dem die heißesten auf der Erde je gemessenen Temperaturen für unwirtliche Verhältnisse sorgen, neuen Fahrzeugen Hitzetest unterziehen.

Stove Pipe Wells trägt seinen Namen schon seit der Bergbauzeit von Death Valley. Über seinen Ursprung kann man auf einer Tafel in der Nähe der Sanddünen, die östlich des heutigen Stove Pipe Wells Village steht, lesen. Sie erzählt von Old Stove Pipe Wells, und davon, daß dieses Wasserloch, das einzige im Bereich der Sanddünen von Death Valley, an der Kreuzung von zwei Indianerpfaden lag. In der Goldrauschzeit, war dies die einzige Wasserquelle an der Straße, die das Tal durchquerte. Wenn die Wasserstelle vom Sand verdeckt wurde, stellte man dort zum Wiederauffinden als Markierungszeicher ein Ofenrohr auf.

Die anderen Gäste im Hotel schauen verwundert zu uns rüber. Ihr Interesse an uns steigt, als sie hören, daß wir morgen früh mit einem Heißluftballon in Death Valley starten wollen. Vor allem unter den Amerikanern löst das Verwunderung aus, denn kein vernünftiger Nordamerikaner besucht mitten im Hochsommer das gefürchtete Tal, von dem so viele schreckliche Geschichten bekannt sind und dann auch noch mit einem Heißluftballon, hier in dieser Hitze – wenn das kein Grund war, verwundert zu uns herüber zu schauen.

»Crazy German's«, konnte man ihren Gesichtern ablesen.

Noch immer war es heiß. Wir sprachen den nächsten Tag durch. Uns war klar, daß die Autos nicht geeignet waren, durch tiefen Sand zu fahren, um eventuell den Ballon zurückzuholen. Außerdem ist das Verlassen der Straßen in Death Valley, eigentlich nicht erlaubt.

Nach dem Sonnenaufgang steigt die Temperatur schnell aus den Minusgraden der Nacht auf über 45° C. Death Valley ist nicht nur der tiefste Punkt Amerikas, sondern auch der heißeste Ort der Welt. Das machte eine längere Fahrt mit dem Ballon unmöglich. Trotz allem, wir wollten starten. Hatten uns vorgenommen einmal unter den Meeresspiegel zu fahren und dazu war hier Gelegenheit, denn Death Valley liegt bis zu 85 Meter unter NN.

Außerdem glaubten wir zu wissen, daß vorher kein Mensch hier Ballon gefahren war und wollten das in Film und Foto festhalten.

Wir gingen in unsere Motelzimmer und begannen einen erfolglosen Kampf gegen die Kakerlaken. Irgendwann haben wir aufgegeben und mit ihnen gemeinsam die Nacht verbracht. Eigentich sind sie ja auch harmlos, nur ein wenig ekelig und wo war die Spinne geblieben?

Nächste Seite: Death Valley, das Phantom wird aufgestellt. Direkt neben der Straße wird die Hülle ausgebreitet und zuerst mit Kaltluft gefüllt. Erst später wird die heiße Luft des Brenners den Lampion zum Leben erwecken.

Wie immer klingelte unser Wecker am nächsten Morgen um vier Uhr dreißig. Wir stolperten aus dem Zimmer und über den dunklen Wüstenboden zu unseren Fahrzeugen. Tiefe Dunkelheit umgab uns. Dann träumten wir von heißem Kaffee und fuhren in Richtung der Sanddünen. Damit der feine Sand des Nationaldenkmals Death Valley nicht über Gebühr von uns platt getreten wurde, hatte sich Franz entschlossen gleich neben der Straße aufzubauen. Der Morgen ist kühl und klar. Das erste frühe Licht taucht die Spitzen der Berge in ein zartes Rot. Es herrscht eine fast unglaubliche Stille. So still ist es, daß wir anfangen leise zu sprechen. Das Dunkelblau des Himmels wechselt zu einem Stahlblau und dann funkeln die ersten Sonnenstrahlen auf den Kuppeln der Berge. Nirgends ist ein Zeichen von Leben zu sehen. Franz ist von der großen Stille beeindruckt: »Die Ruhe ist faszinierend.«

Dann denkt er über die kommende Ballonfahrt nach: »Es ist ganz ungewöhnlich, daß wir heute unter dem Meeresspiegel Ballon fahren. Unser Höhenmesser zeigt minus 110 Fuß an, aber das ist noch nicht die tiefste Stelle des Death Valley.«

Die Ballonhülle füllt sich mit Luft und der Ballon beginnt sich aufzurichten. Die Sonne kletterte weiter über die Bergkämme und wir sehen ein ungewöhnliches Schauspiel. Kleine Büsche, nur wenige Zentimeter hoch, werfen Schatten von vielleicht 50 Metern Länge. Der Schatten des Phantomballons endet irgendwo in der Wüste. Auch wir Menschen werfen Schatten, die im Vergleich zu unserer Körpergröße etwa zehnmal so groß sind. Langsam wird es angenehm warm, Jacken und Pullover fliegen in die Autos.

Franz drängt, wie schon so häufig zuvor, auf ein baldiges Abheben. Er befürchtet die drückende Hitze und aufkommenden Wind. Über der hellen Wüstenfläche würde ohnehin bald Thermik entstehen, denn die Sonne steigt unerbittlich weiter nach oben. Deshalb hängen sich zwei von uns an das lange Seil, andere klettern in den Korb und vorsichtig läßt unser Kapitän die schwarze Hülle auf der gelben Sandfläche in die Höhe steigen.

Die Kunst des Ballonfahrens, so hatten wir inzwischen gelernt, liegt nicht unbedingt darin, große Höhen zu erreichen, oder möglichst lange

Lange Schatten nach dem Start. Der niedrige Sonnenstand zeigt: Es ist noch sehr früh und der Ballon bewegt sich nur in geringen Höhen. Zu schnell könnte er abtreiben.

oben zu bleiben. Das sind eher olympiareife Leistungen. Das Können eines Ballonfahrers zeigt sich im bedächtigen Umgang mit dem Gashahn und der Kenntnis, in welcher Höhe die Luftschichten in welche Richtung treiben. Allgemeine Regeln dafür gibt es natürlich nicht, das wäre auch zu einfach. Ballonfahrer haben das im Gefühl, oder sonstwo.

Franz steuerte sein Gefährt langsam auf eine Höhe von vielleicht 30 Metern und doch waren wir noch immer unter dem Meeresspiegel. Die beiden am Seil zerrten den großen Lampion immer wieder zurück zur Straße, und die oben fotografierten und freuten sich, den Schatten der Hülle über viele hundert Meter als langgestreckten schmalen Strich im Sand zu sehen.

Der Morgen war klar, die Sicht ließ Ausblicke bis zum weit entfernten Mt. Whitney im Westen zu und irgendwo lag auch, inzwischen viele Kilometer entfernt, unser Motel Stove Pipe Wells.

Die ersten Autos rollten die einsame Straße entlang. Manchmal bremsten sie und starrten auf den großen schwarzen Ballon, der über der Wüste von Death Valley hing.

Wir hatten das gelbe Auto alle gesehen und die Unruhe von Franz ergriff nun alle.

»Laßt uns schnell landen«, meint Franz.

Wieder kamen unsere beiden Helfer und zerrten den Ballon am Seil zur Straße zurück. Wir wollten nichts beschädigen. Keine schlechten menschlichen Eindrücke hinterlassen.

Franz setzte den Korb sanft in den Wüstensand. Rote Leine ziehen, der Parachute am oberen Ende ist geöffnet, aber, es passierte erst einmal gar nichts. Unser Ballon wollte sein Leben nicht aufgeben, wollte einfach nicht zusammenfallen.

Die Sonne war inzwischen so stark geworden, daß die Luft in der Hülle sich erwärmte und partout nicht entweichen wollte. Langsam lief uns der Schweiß den Rücken herunter, loslassen aber durfte niemand, dazu war der Auftrieb noch zu stark.

Lustig aber war es trotzdem, denn, am Ballonkorb hängend und weil auch nichts anderes zu tun war, erzählte jeder noch einmal seine Eindrücke der Fahrt in Death Valley, der Fahrt unter dem Meeresspiegel. Erlebnisse, die einmalig sind, hört man sich auch gerne zweimal an.

Die Polizei als Herr der Lage: »Freeze the situation!« Auch die Dreharbeiten und das Fotografieren wurden uns verboten. Wir hätten mit dem Ballon den Nationalpark verschmutzt!?

Inzwischen waren auch zwei Autofahrer stehengeblieben und bedachten uns erneut mit Worten wie »great« und »outstanding«. Weil aber ständig die Temperatur stieg, waren wir bald schon wieder allein, denn die Reisenden flüchteten vor der Hitze in ihre klimatisierten Fahrzeuge.

Sehr selten findet man um diese Jahreszeit Amerikaner in Death Valley, denn die sind von den Erinnerungen ihrer Vorfahren geprägt. Zwar holpern sie nicht mehr mit ihren Planwagen durch's gefürchtete Tal, aber der Schrecken der Vorfahren wirkt bis heute nach. Auch wir ahnen, was in den Menschen vorging, die hier mit ihren Planwagen langzogen, das gelobte Land zu suchen, um oft nur Tod und Elend zu finden.

Endlich lag die Hülle am Boden, endlich konnte mit dem Einpacken begonnen werden, endlich stand das erhoffte Frühstück in greifbarer Nähe, da begann der Krimi.

Innerhalb weniger Sekunden näherten sich aus verschiedenen Richtungen drei Wagen. Denen entstiegen drei uniformierte Menschen, legten dezent die Hand an den Colt im Halfter und machten einen übertrieben freundlich-unfreundlichen Eindruck.

»Sie sind mit einem Ballon hier gestartet«, lächelt der Dicke unter den Dreien.

»Nein«, kommt unsere Antwort. »Wir haben den Ballon nur am Seil steigen lassen.«

Das Lächeln der drei friert ein.
Einer der Beamten, der sich am Anfang im Hintergrund gehalten hatte, tritt nun nach vorne, streicht seine Uniformjacke glatt, richtet sich auf den Zehenspitzen auf und zieht den mächtigen Bauch ein. Das Ganze soll wohl Eindruck machen und Autorität erzeugen, aber es wirkt nur komisch, so wie ein Hahn, der sich reckt, um gleich sein morgendliches Kickerikie zu krähen. Dann holt er aus und verkündet:

»Let's freeze the situation«, »laßt uns die Situation einfrieren, und alles soliegen wie es im Moment ist.« Das klingt so, als wäre gerade ein Mord geschehen und die Opfer lägen noch im Wüstensand. Aber da lag nur unser schlaffes Phantom.

Und dann fragt er drohend: »Wer ist hier der Verantwortliche?«

Wieder streicht er bedeutend die Uniformjacke glatt und zieht den Bauch ein.

Während wir uns nun überlegen, wer unter uns der Verantwortliche sein könnte, wird er so richtig unfreundlich, denn die Kamera läuft immer noch und bisweilen ratscht der Motor von Franks Fotoapparat. Das finden die anderen inzwischen weniger passend und sind sauer auf ihn. Zu Recht, denn die Beamten fragen drohend, ob er etwa fotografiere?

Frank ist etwas verunsichert und meint wenig klug: »Nein, er habe nur den Film zurückgespult«, wobei er schuldbewußt schaut.

Wir waren noch immer zutiefst von unserer Unschuld überzeugt, hatten wir doch nichts angestellt. Und bei uns herrscht bei solchen Gelegenheiten auch bei der Polizei ein Ton des distanzierten Wohlwollens. Aber hier: nichts davon.

»Sie machen hier Werbung und das ist verboten! Haben Sie eine Genehmigung? Wir wissen davon nichts! Hören Sie zu! Sie haben nicht zu sprechen, solange ich es Ihnen nicht erlaube!« Oh, »freies Amerika«. Da hatten wir schon so viele Filme aus diesem Land gesehen, war die Freiheit der Presse und der Menschen doch fast hier erfunden worden, und nun das.

Frank versucht eine Diskussion zu starten und den eigentlichen Ablauf zu erklären. Aber die uniformierten Menschen im Tal des Todes wollen ihm nicht zuhören, was ihn kränkt.

Die Freiheit, auch das vorbringen zu können, was der Betroffene für wichtig hält, endete in Death Valley angesichts der Uniformen. Am schwersten fiel uns natürlich, nicht einmal schildern zu dürfen, daß wir keine Werbung machten, sondern News, daß der Film im redaktionellen Teil des Deutschen Fernsehens laufen sollte, und daß die Fotos lediglich der Information dienen sollten. Aber: Keine Sprecherlaubnis, sondern längere Monologe der Uniformierten über unsere Untaten und daß die USA eine Rechtsprechung und Gesetze besäßen, die jeder einzuhalten hätte. Das war uns bekannt, aber auch dies durften wir nicht äußern.

Danach, nur Namen, Adresse und Funktionen durften verlautbart werden, die umständliche Aufnahme des »Vergehens«. Alles wurde fotografiert, alle hatten zu schweigen. Und als dann, aus Versehen versteht sich, eine unserer Fotokameras noch ein Bild unserer Uniformierten machte, da wurden die drei so richtig streng.

Inzwischen war ein weiteres Polizeiauto gekommen, dem entstieg eine großgewachsene Frau. Die Haare hinten streng zusammengerafft, der Gang streng, die Stimme streng.

Landung: Der Ballon darf nur wenige Meter abtreiben, entfernt er sich zu weit von der Straße, dann können die Fahrzeuge nicht mehr folgen. Sie würden im Wüstensand versinken.

Als sie uns anspricht, ist beim Nennen unserer Namen kein amerikanischer Akzent zu verspüren. Offensichtlich ist sie deutscher Abstammung. »Ja«, meint sie auf unsere Frage, »ich komme aus Deutschland«, aber dann lehnt sie kategorisch ab, mit uns deutsch zu sprechen.

Beschlagnahme wurde angedroht, Geldstrafe, Haft, ein Prozeß. Und immer stand einer der dreien ein wenig abseits, die Hand an der Pistole. Schließlich war ja auch irgendwann hier mal der Wilde Westen gewesen und daran schienen sich unsere Bewacher gut zu erinnern. Das einzige was bei der Vorstellung fehlte, war das dramatische Anlegen von Handschellen, davon aber wurde Abstand genommen, schließlich mußte der Ballon ja noch weggeräumt werden.

Heraus kam dann, dies aber dauerte längere Zeit und einige Funktelefonate mit der Polizeistation, daß die Dame und der Herr Ranger, also so etwas ähnliches wie Polizisten waren. Die hatten den Auftrag für Ordnung im Nationalpark zu sorgen und das hatten sie ihrer Ansicht nach getan. Nun mußten nur noch die Missetäter der weltlichen Gerichtsbarkeit zugeführt werden.

Die Schuldigen waren dann auch schnell gefunden: Der Ballonfahrer, der Regisseur des Films und Frank, der mit dem Foto, den wir inzwischen mühsam in die zweite Reihe gezerrt hatten, weil er immer noch versuchte zu diskutieren. Die Damen und Herren Ranger aber meinten es mit ihrer Drohung von Beschlagnahme und Festnahme sehr ernst. Außerdem war sein Gerechtigkeitsgefühl so sehr gekränkt worden, daß mit weiteren Protesten zu rechnen war.

Frank aber ließ sich nicht bremsen und versuchte die Ranger an die weit gerühmte Freiheit des Landes der unbegrenzten Möglichkeiten zu erinnern. Die Dame mit der strengen Frisur und den gebieterischen Gesten wischte seine Vorstellung von Freiheit zur Seite.

»In Germany«, so meinte sie, »könne man noch nicht einmal ohne Genehmigung niesen.«

Sie war wohl lange nicht mehr dort gewesen. Die Stimmung spitzt sich zu. Wieder erhebt die strenge Madam die Stimme. Verblüfft hören wir ihren nächsten Satz:

»Sie haben den Nationalpark beschmutzt!«, verkündet sie uns.

Das war nun schon überhaupt nicht wahr, denn nichts hatten wir fallen lassen, keine Spuren im Sand waren zu sehen, alles war so wie vorher, wie seit Jahrtausenden, unberührt und unbefleckt.

Franz stand noch immer angespannt, steif zwischen den strengen Uniformierten. Mit ausholenden Handbewegungen versuchte er ihnen zu erklären, daß wir nichts, aber auch gar nichts berührt hatten. Dabei hielt er einen kleinen roten Gasballon in der Hand, der ursprünglich aufsteigen sollte, um uns die Windrichtung anzuzeigen. Plötzlich entschwebte der kleine rote Kinderballon. Franz hatte ihn in der Aufregung nicht richtig festgehalten, nun zog er davon, sichtbares Zeichen von Verschmutzung, denn irgendwann, wenn das Gas entwichen war, würde er ja wohl wieder landen.

Die Ranger schauten triumphierend.

»Sehen Sie«, riefen sie alle drei, »sehen Sie«, wiederholten sie mit aufgeregten Stimmen.

Franz war tief geschockt und begann hinter dem Ballon herzuhüpfen. Mehrfach griff er nach dem roten, runden Ding. Aber immer war der schneller. Dann entschwand er aus unserem Sichtkreis. Das Glück war an diesem morgen nicht auf unserer Seite, entschwebte nun endgültig am Horizont. Sing-Sing, Alcatraz oder sonst ein schlimmes Verlies waren uns wohl sicher.

Die Ranger erweiterten ihren Vorwurf. Wir würden hier Commercials, Werbung machen und das sei auch verboten, höchstens gegen Zahlung vieler grüner Dollarnoten eventuell vorstellbar.

Noch nie haben wir Werbung gemacht, versuchten wir zu versichern. Auch das Vorweisen eines Presseausweises (»Wir machen News«) half nichts. Wir machten hier Werbung, aus, Ende, basta.

Umständlich wurde geschrieben und ausgefragt. Alle fragten sie uns aus. Und das Ergebnis: Anzeige wegen ungerechtfertigtem Ballonfahrens gegen Franz. Anzeige wegen des ungerechtfertigten Filmens von Wüste und Ballon gegen Peter. Vorladen vor das Gericht Bishop, California, in USA. Aushändigen der Protokolle. Prozeß in vier Tagen. In vier Tagen wollten wir allerdings in Albuquerque sein und nicht vor einem Gericht in Bishop zittern.

Die strengen Herren und die strenge Dame verabschiedeten sich frostig und mit sichtlichem Stolz, diesen Deutschen amerikanische Rechtsnormen beigebracht zu haben. Drohend verboten sie uns außerdem, weiterhin Bilder in Death Valley zu machen. Danach sind wir weitergefahren, mit hängenden Köpfen und ein wenig geknickt.

Punktlandung: Franz hat das Phantom unmittelbar neben der Straße runter gebracht.

Als wir am Zabriskie Point standen, ging es uns langsam wieder besser. Denn hier ist vielleicht der beeindruckenste Punkt von Death Valley.

Der Blick geht über den westlichen Teil von Death Valley und das Panament Gebirge. Wir sind von goldgelben Felsen umgeben. Im Vordergrund liegt der spitze Manley Bakon, benannt nach einem der Männer, die als erste 1849 die Wüste durchquerten. Natürlich einer der ersten weißen Männer, denn die Indianer, vom Stamme der Shoshone, die das Gebiet hier Bodenfeuer nannten, waren schon vor 7000 Jahren hier. Unsere Kameras schweigen noch immer.

Wenige Meter hinter dem Schild »National Monument Death Valley« haben wir dann unsere Kameras wieder aufgebaut, denn da durften wir ja wieder. Schließlich waren wir dort wieder im »pressefreiheitlichen Bereich« der Vereinigten Staaten von Amerika. Das hat uns sehr gefallen.

Übrigens: In Las Vegas haben wir dann eine Anwältin aufgesucht. Irgendwie waren wir froh, daß wir dieses wunderschöne Land Kalifornien verlassen hatten. Die Anwältin lachte herzlich, als sie unsere Gerichtsvorladungen in den Händen hielt. Es stellte sich heraus, daß die Anzeigen und die Vorladungen nach amerikanischem Recht ungültig waren. In ihrem Eifer hatten unsere »Officers« vergessen den Gerichtstermin richtig einzutragen. Und alle, denen wir von unserem Abenteuer erzählten, haben ebenfalls herzhaft gelacht, dies sei so typisch amerikanisch. Ein bißchen peinlich war es ihnen aber doch.

Monate später erhielten Peter und Franz Briefe aus dem fernen Amerika. Der honorable Richter Forstenser schrieb ihnen, unter dem großartigen Titel »die Vereinigten Staaten gegen Peter Vinzens und die Vereinigten Staaten gegen Franz Taucher«. Dann folgte der lapidare Satz »das Verfahren sei eingestellt«. Da haben wir noch einmal herzlich gelacht und den Officers in Death Valley gedacht. Das Tal des Todes hatte gekreist und dabei eine Lachnummer geboren.

Das Phantom glüht

Am späten Abend rollen wir auf Las Vegas zu. Death Valley und seine wackeren Ranger liegen hinter uns. Die breite Interstate zieht sich wie eine lange, gerade Schnur durch's heiße Wüstenland. Am Rand der Autobahn liegt ein großes viereckiges, weißes Areal, von hohem Stacheldraht umzäunt. Auf einem Ausfahrtsschild steht der Hinweis, es handele sich um eine Institution die der Correction dienen soll, was soviel heißt, hier wird etwas korrigiert.

Korrigiert werden die Ausfälle aus der Gesellschaft. Hier sitzt, wer in der Society gefehlt hat. Weiß und abweisend liegt das Gefängnis in der glühenden Sonne. Irgendwie sieht es aus, als hätte es jemand dorthin gestellt, um es bald wieder abzuräumen.

Weit weg von der Gesellschaft, die die dort Einsitzenden ausgeschlossen hat. Drohend und unnahbar, gefährlich und depressiv sehen die Gebäude aus.

Wer hier eingesperrt ist, hat alles andere endgültig hinter sich gelassen. Hier hinein dringen nicht einmal die Geräusche des Lebens, von dem die Insassen ausgeschlossen sind. Entstanden ist eine eigene Welt der Leere. Wer das Eingangstor hinter sich gelassen hat, ist aus dem Leben entschwunden, ist in eine neue Welt schrecklicher Einsamkeit eingetreten.

Am Horizont taucht die Silhouette der riesigen Hotelburgen von Las Vegas auf. Mitten hinein ins Wüstennichts gesetzt, wirken sie fast wie eine Fata-Morgana. Vermutlich wäre das unwirtliche Nichts bis heute hier erhalten geblieben, würden noch immer die dürren Wüstenhasen ihre trockenen Wüstenkräuter knabbern, wenn es nicht eines Tages einen New Yorker Gangster hierher verschlagen hätte. In der Stadt an der Ostküste hatte der einen Ruf wie Donnerhall. Der später mit einem gewissen Ruhm des Horrors versehene Name Bugsy Siegel zierte einen Mann, der sich auch noch die letzten Freunde durch seine Missetaten vergrault hatte. Irgendwann reichte es den New Yorkern und besonders jene, mit den italienischen Namen aus der sogenannten feinen Gesellschaft begannen ihm nach dem Leben zu trachten. Da zog es Bugsy in den verheißenen Westen.

Besonders gut gefiel es ihm in Nevada. Die schaurige Gegend um Las Vegas fand wegen der Möglichkeit des damals schon im Staat genehmigten Glückspiels sein besonderes Interesse. Als er dann beschloß ausgerechnet im heutigen Gebiet der Stadt des Spiels ein Hotel der Luxusklasse zu bauen, fanden die Zurückgebliebenen im fernen New York, nun habe er wohl endgültig den Verstand verloren. Ihr Lachen über den völligen Wahnsinn erstickte bald, Bugsys Hotel war außerordentlich erfolgreich und wegen des Glückspiels auch noch höchst lukrativ.

Das erzeugte Neid und Unruhe und so richtig wohl fühlten sie sich erst wieder als Bugsy Siegel eines unschönen Tages entseelt vor seiner Goldgrube auf den Eingangsstufen niedersank. Irgend jemand hatte ihm ein paar Kugeln in den teuer gekleideten Körper gejagt.

Heute steht auf dem Gelände dieses historischen Grundes das riesige Flamingo Hilton. Die niedrigen Gebäude mit dem Pool in der Mitte sind längst einem Hotelpalast mit goldenem Scheibenglanz gewichen, am Eingang wechselt ein riesiger Neon-Flamingo die Farben und ein paar Gangster sind auch noch da. Wenn sie nicht mehr da sind, wechseln sie ihre Adresse manchmal in das weiße Gebäude rechts der Interstate, aber das hatten wir ja schon. Las Vegas ist auch eine Stadt eigener Gesetze.

Einem der höchst erfolgreichen Herren, dem einer dieser Hotelpaläste gehört, wird die folgende Geschichte nachgesagt. Der Mann, der nicht lesen und schreiben, aber rechnen konnte, hatte eine schöne Tochter. Das fiel auch einem Mann auf, der so gar nicht ins Weltbild des Vaters paßte.

Die Tochter und ihr Verehrer sahen das aber ganz anders und bestanden auf der Erfüllung ihrer Liebe. Bis dahin klingt alles noch wie ein Märchen. Denn die Liebe fand ein jähes, schmachvolles Ende als der hartnäckige Freier in einer sternenklaren Nacht das Haus nicht durch die Tür, sondern aus dem 30. Stock durch ein Fenster verlies. Ein bedauerlicher Unfall, meinten die Betroffenen, besonders der Vater. Las Vegas hat eben auch seine eigenen Lösungen.

Wer behauptet, Las Vegas sei nur eine Spielerstadt, der hat keine Ahnung. Diese Ansammlung von Gebäuden mitten in der Wüste zeigt vielleicht den amerikanischsten Teil Amerikas. Hier wird zwar um Geld gespielt, hier geht es um's große Geschäft, aber hier sind auch die perfektesten Beispiele nordamerikanischer Professionalität zu finden. Hier sitzen die Meister der Unterhaltung. Und da mußte natürlich auch das Phantom mitspielen.

Nähert man sich dieser Stadt, dann ziehen zuerst nur Wüste und trockene Berge an den Wagenfenstern vorbei. Und irgendwann, wenn die Straße in ein großes Tal abfällt, erheben sich, noch weit entfernt, wie die Zinnen einer gewaltigen Burg, die Hochhäuser und Hotelburgen am Horizont. Ab der Stadtgrenze folgen dann viele grüne Wiesen, Golfplätze und Parks. Und vor den Hotels Anfahrten, wie wir sie nur aus dem Kino kannten. Hier aber ist das normal, darauf achtet niemand mehr.

Hinter den großen Glastüren, angenehm nun die Temperatur, denn draußen ist es brütend heiß, empfängt den Gast eine Halle voller Spielautomaten. So groß wie ein Fußballfeld. Einarmige Banditen, an denen man sich Muskelkater holen kann. Roulettische mit leise klickenden Kugeln und Jetons. Plätze für 17-und-4, die wie kleine Swimming-Pools aussehen, denn die Würfel sollen natürlich nicht auf die Erde fallen. Und rings herum Restaurants, Bars, Cafestuben aus aller Herren Länder. Dazwischen laufen Damen herum, verteilen Getränke, wechseln Geld, räumen auf. Es ist ein großes Geschäft und deshalb auch exzellent organisiert. Und weil an den Zimmerpreisen nicht allzuviel verdient werden kann ist die oberste Devise: Die Leute sollen im Haus bleiben. Sie sollen dort ihr Geld verspielen Deshalb ist auch alles vorhanden und dann sogar preiswerter als erwartet. Der Friseur, viele Läden,

Zugegeben, ein Hotel-Vordach – selbst mitten in Las Vegas – ist ein etwas ungewöhnlicher Ort, um einen Ballon aufzustellen. Amerikaner aber finden so etwas einfach »great!«.

Theater, offene Bühnen zur Unterhaltung und natürlich überall Spielautomaten. Einer sagte sogar, er habe so eine Maschine im Lift gefunden, der aber ist uns leider entgangen.

Franz stellte sich etwas besonderes für sein Luftgefährt vor. Er wollte ein Glühen zeigen. Glühen, oder »glowing«, wie es so schön auf amerikanisch heißt, bedeutet das Aufrichten des Ballons, ohne abzufahren.

Interessant ist dies natürlich nur nachts, wenn es dunkel ist, denn dann sieht die aufgerichtete Hülle wie ein gigantischer Lampion aus, der strahlt, als sei das St. Martinsfest gekommen. Und weil es ja sonst zu einfach geworden wäre, wollte Franz das Ding natürlich nicht einfach draußen auf den Parkplatz stellen, sondern vor das Hotel, auf das Dach der Empfangshalle, auf dem tagsüber und normalerweise auch nachts die Golfer ein paar kurzen Schlägen nachgehen. Drunter wollte Franz es nicht machen.

So stellte sich die schlichte Frage: Wie bekommt man einen kompletten Ballon in den dritten Stock, baut ihn auf und sorgt zudem dafür, daß er nicht abhaut, gegen das Hochhaus rumpelt und in Fetzen geht. Franz hatte das zwar auch noch nicht gemacht, aber das Dach gefiel ihm von unten eben einfach gut.

Grundsätzlich, so meinte dann der Hotelmanager, könnten wir machen, was wir wollten, passieren dürfe aber nichts. Wegen der Reputation des Hauses und natürlich auch wegen der örtlichen Presse. Die würde sich für den Joke natürlich interessieren. So etwas habe es in Las Vegas nämlich noch nicht gegeben. Ein Ballon auf dem Vordach des Hotels und noch dazu, wo auf dem das Phantom der Oper verewigt ist und im Hause Starlight Express gespielt wird. Beides vom berühmten Andrew Lloyd Webber. Wenn das kein Grund ist. Wonderful! Great!

Für Scherze dieser Art sind amerikanische Show-Profis immer zu haben. Und wenn sie es dann noch mit ein bißchen verrückten Europäern zu tun haben, dann gehen leicht die Pferde durch. Denn: Geht nicht, gibt's nicht. Da waren schon die Richtigen zusammengekommen.

Niemand von uns hatte bisher versucht einen Ballonkorb in einen Aufzug hinein zu bekommen. Das ist sonst auch nicht notwendig. Jetzt aber sollte es sein, denn über die Treppe war nichts zu machen und außen herum, also mit einem Kran, kann das jeder. Zudem hatten wir keinen Kran. Also wurde abmontiert, was auseinanderzunehmen war. Der Korb allerdings widersetzte sich weitgehend diesen Bestrebungen, denn da ist wenig abzumontieren. Also: Vier Mann, vier Ecken, den Korb aus dem Auto gezerrt und durch die Hintertür – die anderen wären auch nicht groß genug gewesen – hinein in das Haus.

Vorher war natürlich der Haustechniker gekommen, hatte mit seinem Zollstock gemessen, verwegen mit den Augen gerollt und war dann Richtung Lift wieder verschwunden. Da trafen wir ihn denn auch wieder und er maß und maß und maß. Irgendwie mußte dieses sperrige Ding doch hineinpassen.

Die Messerei hatte auch wirklich Erfolg, nur wenige Millimeter war der Korb zu groß. Allerdings nur wenn man ihn richtig hineinschob und außerdem mit sanfter Gewalt nachhalf.

»Paßt auf«, bemerkte er trocken, »daß ihr von innen nicht gegen die Tür drückt. Dann bleibt der Lift stehen und dann dauert das lang. – There are no drinks inside!« Wenn das keine Warnung ist.

Also wurde kräftig gedrückt und geruckelt und geschoben und dann ging die Tür zu. Franz wollte seinen Korb nicht alleine fahren lassen und stand deshalb wie der Kommandant eines (hoffentlich nicht) untergehenden Schiffes an seinem Platz. Wir gingen lieber die paar Treppen zu Fuß, denn »outside there are the drinks!«

Natürlich war die Sorge völlig unbegründet. Franz kam heil an, die Türen öffneten sich mit leisem Zischen, wie sich das für eine anständige Liftüre auch so gehört. Siegessicher konnte der Kommandant seiner Kommandobrücke entsteigen. Der Rest des Transports war ein Kinderspiel, wenn man von den zwei Sicherheitsgittern absieht, die im Weg standen.

Vordächer vor großen, und damit auch sehr hohen Hotels haben ihre Tücken. Nicht etwa, daß man damit rechnen müßte, sie würden unter einem einstürzen und man bräche sich den Hals. Sie sind nur leider meist nicht so groß wie sie von unten aussehen und haben zudem unangenehme Windwirbel. Und die konnten wir hier nun wirklich nicht gebrauchen.

Ist nämlich ein Ballon erst einmal aufgerichtet, ist er erst einmal mit heißer Luft gefüllt, dann wird er im Zusammenspiel mit Eigengewicht und Auftrieb leicht wie eine Feder. Ein Kind kann ihn hochdrücken und auch wieder herunterholen. Allerdings nur, wenn der Ballonfahrer sein Hand-

Das Phantom glüht: Natürlich waren nicht alle Glücksspieler aus den Haller herausgekommen, um das Spektakel zu erleben. Aber die, die es sehen konnten, werden sich vermutlich noch lange daran erinnern.

werk versteht und nichts, aber auch wirklich nichts von außen einwirkt. Bei einer Hülle von der Größe eines Einfamilienhauses bekommt dann der letzte Faktor entscheidende Bedeutung. Aber so weit waren wir ja noch nicht.

Selten zuvor hatte unser Ballonfahrer so wenig Platz, um seine große Hülle auszubreiten. Die Gartenstühle waren zwar schnell weggeräumt, es blieben aber noch festeingebaute Scheinwerfer, Geländer, Rampen, Laternen und viel anderes spitzes Zeug, das für Ballonhüllen nicht verträglich ist. Wie ein Hirtenhund rannte Franz deshalb um seinen Ballon herum, zog immer wieder Stoffbahnen gerade, stellte sich schützend zwischen

Hülle und hier eingepflanzte Bäume und brüllte immer Kommandos, wenn er glaubte die Katastrophe sei gekommen. Und weil wir eine fleißige, motivierte Truppe waren und außerdem mit dem Phantom noch viel vorhatten, haben wir selbstverständlich versucht jedwede Form von Bruch zu unterbinden.

Der gefährlichste Augenblick beim Aufrichten eines jeden Ballons ist der Zeitpunkt, bei dem die heiße Luft aus der Flamme des Brenners die kalte Luft aus dem Ventilator ersetzt. Dann geht alles rasend schnell, dann gibt es nur noch Aufrichten oder Bruch. Oben am Topring ist die Topleine befestigt, die während dieser entscheidenden Phase von irgend jemanden straff gehalten werden muß. Die Leine soll garantieren, daß sich die Hülle nicht während des Aufrichtens quer legt und verbrennt.

Draußen auf dem Acker ist das ein nicht so entscheidendes Problem, denn da ist Platz und kleinere Richtungsschwankungen kann man tolerieren. Hier auf dem Dach aber war alles ganz anders. Da war kein Platz und Richtungsänderungen waren überhaupt nicht drin. Zudem muß beim Aufrichten, was irgendwann sehr schnell geht, die Leine kontrolliert nachgelassen werden. Auch das war auf dem Dach nur schwer möglich, denn da standen Geländer, fest verankerte Bänke und andere Hindernisse im Weg. Deshalb war Franz auch so auf der Hut, denn die Voraussetzungen waren mit normalen nicht vergleichbar.

Zuerst hatte das Brüllen keinen Sinn mehr, weil der Ventilator einen Höllenkrach machte, und dann hatte das Brüllen keinen Sinn mehr, weil der Brenner laut zischte, und dann hatte das Brüllen keinen Sinn mehr, weil das Phantom stand.

Wie ein kleines Kind, das verspielt an etwas sehr schönes denkt, schwankte der große, strahlende Lampion leise hin und her. Die Fassadenscheinwerfer des Hotels waren abgeschaltet und wie eine riesige Laterne eines kleinen Kindes strahlte der schwarze Ballon mit der gemalten Maske des Schauspielers und der Rose von innen heraus. Leichtigkeit und Eleganz, Spielerisches und die Erinnerung an die physikalischen Gesetze.

Unten versammelten sich die Besucher aus den Spielhallen. Schnell hatte sich herumgesprochen, daß auf dem Vordach etwas außergewöhnliches passierte. Ein bißchen geschäftsschädigend war es schon, was wir da machten, denn die Leute wollten sich vom Anblick gar nicht mehr losreißen. Wind oder Thermik gab es keine. Franz stand in seinem Korb und strahlte. »Ist es nicht phantastisch?« Vielleicht muß man schon ein wenig Phantast sein, um anderen so etwas zu zeigen. Aber das hat schließlich in erster Linie ja auch etwas mit Phantasie zu tun. Und die sollte man sich schon leisten können. Oder?

Von Menschen und Western

Das Hotel El Rancho in Gallup, New Mexico, ist einer der Glücksfälle am Wegesrand. Man fährt in einen Ort hinein, rechnet auf der Suche nach einer nächtlichen Unterkunft mit nichts gutem und steht dann erst vor, später in einem Hotel, in das man immer wieder zurückkehren wird.

Es ist verbrieft, daß John Wayne hier des öfteren zu tief ins Glas gesehen hat und die Produktionsfirma des Films hatte dann ihre Schwierigkeiten mit ihm. Gallup liegt an der historischen Route 66, die quer durch die USA führt.

Hier wollten wir uns mit Karl treffen, einem Lehrer. Natürlich war unser Bedürfnis, Lehrer zu treffen, nicht so groß, aber Karl brachte noch zwei weitere Eigenschaften mit, die ihn besonders interessant machten. Er war in Heidelberg groß geworden. Seine Eltern waren im Hauptquartier der US-Streitkräfte beschäftigt gewesen. Und: Karl hatte einen Ballon. Was anderes könnte es auch gewesen sein.

So sitzen wir denn in der Halle des nunmehr historischen El Rancho-Hotels neben der Hauptstraße in Gallup und uns gegenüber zwei Herren mittleren Alters, der Lehrer und sein Freund, der Polizeichef des Landkreises.

Übrigens, apropos historisch. Die Vereinigten Staaten von Amerika sind noch immer ein recht junges Land. Als Kolumbus glaubte, Indien gefunden zu haben, hatte Europa schon längst »eine alte Geschichte«. Deshalb sahen auch bisher die Europäer immer ein wenig mitleidig auf die armen Amerikaner herab, denn die alte Geschichte der Ureinwohner wurde nicht akzeptiert, schließlich waren das doch wohl »Wilde«, und die jüngere Geschichte, also die der Weißen, war zwangsläufig halt jung. In dieser Konstellation von Anschauungen und Geschichten liegt die Krux und die kann man in Gallup wunderbar erkennen.

Das historische Hotel ist deshalb historisch, weil es in den 20er Jahren als Bleibe für Schauspieler und Techniker, Regisseure und Verwaltungsmenschen in die Gegend gesetzt wurde. Um Gallup herum wurden damals bereits viele Western für die aufstrebende Filmindustrie produziert und irgendwie mußten die Leute ja untergebracht werden.

Es war auch eine Zeit, in der nicht alle Landschaften in Studios verlegt wurden und Computer, die heute alles simulieren können, noch im Reich der Fabel existierten.

Weil das Hotel älter als 50 Jahre ist und hier sehr amerikanische Geschichten passiert sind, ist das Haus nun historisch. So einfach geht das.

Bei uns käme zwar niemand auf die Idee ein noch nicht einmal 100jähriges Gebäude historisch zu nennen, aber die Amerikaner haben recht: Irgendwann muß Tradition und Geschichte eben anfangen. Richtig mit Geschichten angefangen hat dieses Hotel mit eben jenem John Wayne und seinen Saufereien.

Ganz nebenbei liegen hier auch die schönsten Gegenden von New Mexico und die sollte man sich keinesfalls entgehen lassen.

Weil aber neben der »weißen« Geschichte auch noch die der Ureinwohner existiert, war Karls Freund John Shaff, Polizeichef des Ortes, gleich mitgekommen. Zu seinen Aufgaben, Probleme zu lösen, gehört auch ein sehr amerikanisches. Seit geraumer Zeit nämlich klagen die Ureinwohner, die Weißen hatten sie Navajos genannt, gegen die Vereinigten Staaten und verlangen über ihre Gebiete die tatsächliche Herrschaft zurück. Sie selbst nennen sich Dinee, die Menschen.

Inzwischen ist das Ganze dann sehr kompliziert geworden, denn aus den ehemaligen Reservaten wurden große Gebiete mit eigenen Landesregierungen. Diese schließen sich inzwischen zusammen, bilden übergeordnete Parlamente und greifen sogar über Staatsgrenzen hinweg. John Shaff erzählt: »Weißen ist der Zutritt nur mit Einwilligung der Navajos-Verantwortlichen gestattet. Die aber sitzen drinnen, der Besucher sitzt draußen und es ist deshalb ein wenig schwierig miteinander zu sprechen.«

Karl hatte alles vorbereitet, der Polizeichef hatte sich entschlossen mitzukommen und der oberste Feuerwehrmann des Gebiets, ein echter Häuptling der Dinee, war ebenfalls dabei, denn er machte gerade seinen Ballonschein.

Wir haben uns früh getroffen, denn Ballonfahrer haben ein Verhältnis mit den ersten Sonnenstrahlen. Die alte Uhr in der Hotelhalle hatte sechsmal geschlagen, als wir das Haus verließen. Wir waren ein Stück nach Osten gefahren, auf eine Reihe eigentümlich geformter Berge zu, die die ersten Sonnenstrahlen in ein tiefes Rot tauchten. Dann standen wir am Fuße der Red Rocks. Hier ist auch der Eintritt zum Navajo Country. Wir haben das Gefühl, daß jeden Moment ein Trupp Indianer aus dem Canyon auf uns zugaloppieren könnte. Ist das nur eine Kinovorstellung oder lebt der Wilde Westen westlich des Mississippis noch?

John Shaff überlegt noch nicht einmal. »You bet...«, »darauf könnt Ihr wetten«, sagt er mit Überzeugung.

»Hier gibt es noch jede Menge wilder Typen aus den alten Zeiten. Einer der schlimmsten davon ist ein alter Knabe mit dem Namen Bob Cat Wilson. Eigentlich war er sogar Sheriff hier, arbeitete im Sheriffbüro mit den verschiedensten Aufgaben.«

Der Hüter des Gesetzes brach das Gesetz selber häufig und er hatte keine Hemmungen dabei altes Faustrecht anzuwenden.

»Eines Tages, und da war er schon weit über 70, hatte er einen achtzehnjährigen Jungen niedergeschlagen. Es ging um eine schöne Frau.«

Weil das leider schon häufiger passiert war, erließ das Sheriffbüro einen Haftbefehl. Bob Cat Wilson stellte sich selbst.

John Shaff erzählt weiter: »Als ich ihn hereinkommen sah, wollte ich Bob Cat, den ich schon viele Jahre kannte, mit einem Scherz begrüßen, und sagte »Bob Cat, jetzt bist du dran.« Überraschenderweise drehte der sich allerdings um und rief drohend: »Get your guns!«, zieht eure Waffen. Es war sehr komisch, denn zutiefst erschrocken verschwanden alle Polizisten des Sherifbüros unter den Schreibtischen und erwarteten ein Pistolengefecht.«

Franz, Peter und Mark hatten inzwischen begonnen den Ballon aufzubauen. Der Polizeichef beobachtete das Ganze und erzählte mit verschränkten Armen von weiteren wilden Typen, des Wilden Westens, die es bis heute gibt.

Die haben meist einen ziemlich schlechten Ruf. Einer davon ist Gus Rainee, ein Mann mit einer schwarzen Vergangenheit, der dafür bekannt war, daß er die Leute umbrachte, nur weil er sie einfach nicht leiden konnte. Jetzt sitzt er mit seinen fast 80 Jahren hinter Gittern.

John erzählt, wie er da hinkam.

Bei den Dinee-Indianern in Gallup, New Mexico.

Karl, Schullehrer bei den Dinee, übernimmt mit seinen Zöglingen und Freunden die Verfolger-Rolle. Die Indianer kennen sich hier am besten aus. Deshalb vertrauen wir uns ihrem Orientierungssinn und ihrer Kenntnis der Natur an.

»Gus hatte einige Rinder, deren Eigentumsnachweis auf sehr unsicheren Füßen stand, an ein paar dunkle Typen verkauft. Er befahl den Käufern die Rinder keinesfalls auf seinem Grund und Boden zu schlachten. Grund war, daß die Rinder keine Brandzeichen trugen.«

Das kümmerte die Käufer recht wenig und Gus fand sie später dabei, wie sie genau das taten. Er befahl ihnen sofort zu verschwinden, als diese plötzlich Messer in den Händen hielten.

»Daraufhin hat Gus seine Pistole gezogen und den beiden mitten ins Herz geschossen.«

Später behauptete er bei der Polizei, »es habe sich um einen Unfall gehandelt.«

Das alles klingt so, als wäre der Wilde Westen immer noch hier.

»Klar«, sagt er, »natürlich gibt es den hier noch. Wir haben zwar nicht mehr die shoot outs, keine Schießereien mehr hier, aber es gibt noch immer Cowboys und die erhalten den Wilden Westen. Die haben auch oft mit ihren Tieren Hunderte von Meilen von der Zivilisation entfernt, sich eine eigene Gesetzbarkeit erhalten. Meist erfahren wir nichts von ihren Lösungen.«

Alles in allem findet aber John Shaff sein Land hier viel sicherer als was der gefährliche Osten verheißt.

»Ich finde wir sind hier viel zivilisierter, haben viel weniger Probleme, als die großen Städte an der Ostküste, oder auch in Kalifornien. Einer der Gründe dafür ist, das die Menschen nach eigenen Regeln leben und die auch beachten.«

Sein Mißtrauen gegen die unzivilisierten Menschen im Osten ist groß und er meint lakonisch:

»Mir jedenfalls ist's viel lieber, wenn die östlich des Mississippi bleiben.«

Der jüngste Passagier: Altersbeschränkungen gibt es bei Ballonfahrten nicht.

Die Sonne ist kräftiger geworden. Das Rot der Berge um uns herum noch intensiver. Unser Ballon ist startbereit.

Dann heben wir ab und schweben in die Farbenpracht hinauf. Franz fährt ganz dicht an die Bergwände, die so glatt sind, als wären sie poliert. Die Ballonhülle berührt die roten Wände und langsam rollt unser Phantom den Berg entlang.

Wir blicken hinunter auf das weite Land der Indianer und wissen plötzlich, daß die letzten 100 Jahre hier nur ein Augenzwinkern der Geschichte waren. Dieses ist das Land der Ureinwohner. Mit ihren großen Geschichten, die erst vor 100 Jahren niedergeschrieben wurden. Später wird uns einer der Indianerhäuptlinge sagen, wie die Erzählungen hier Jahrhunderte lang weitergegeben wurden. Einer sagte es dem anderen, der Großvater dem Enkel.

»Aber ihr«, wird er sagen, »habt eine wesentliche menschliche Eigenschaft verlernt. Ihr Weißen könnt nicht zuhören. Und erfahrt damit auch nicht die Geschichten der Alten.«

Unser Ballon gleitet durch einen Cañon, schaut hinter einem Hügel hervor, wird plötzlich eins mit der Landschaft. Wir wissen, daß dies einer der Morgen sein wird, den wir nicht mehr vergessen. Dessen Eindrücke sich tief eingraben werden.

Später sitzen wir wieder in der Halle des Hotel El Rancho bei einem kräftigen Westernfrühstück und schauen auf die Bilder der vielen Westernhelden, die hier waren, filmten und oft auch ihr Unwesen trieben. Einer davon war John Wayne, der oft genug, tagelang, in seinem Zimmer »ausgetrocknet« werden mußte. Viele Anekdoten ranken sich um den amerkanischen Westernhelden. Die Grenze zwischen Legende und Wahrheit ist wohl fließend.

John Shaff meint, daß die Geschichte, die erzählt, das John Wayne eines Tages mit dem Pferd in die Hotelhalle geritten sei und den armen Gaul die Treppe bis zu seinem Zimmer hinaufgetrieben habe, wahr sei. Selbst für die leidgewohnten Hotelmenschen war dies ungewöhnlich und es erzeugte auch ein Problem; das verängstigte Tier wollte nicht mehr die Treppe hinunter. Oben bleiben konnte es aber auch nicht. Wie lange die ganze Aktion gedauert hat, ist nicht überliefert, auch nicht wie die Pferdespezialisten der Filmfirma das arme Tier letztendlich wieder hinuntergebracht haben.

Das zweite Problem war, daß der Star für die nächsten Tage ausfiel und deshalb die Arbeiten verschoben werden mußten. Ausnüchterung kommt vor der Arbeit. Währenddessen kam für uns die nächste Runde des mexikanischen Bieres.

Mit uns am Tisch saß Ted. Ein Indianerhäuptling, Feuerwehrchef des Distrikts. Und natürlich fand er es wunderbar, Gästen aus dem fernen Europa das Land zu zeigen, und natürlich fand er es noch wunderbarer, daß ein Heißluftballon dabei war. Er erwies uns eine besondere Ehre und lud uns ein, eine Schule der Dinee zu besichtigen.

Die Dinee haben eine eigene Sprache. Sie haben eine sehr alte Kultur, eigene sehr alte Traditionen. Auf den Schulen der Weißen können sie sich mit ihrer Geschichte nicht auseinandersetzen, deshalb investiert die Regierung viel Geld in die Schulen der Dinee und fördert sie soweit es geht. Unsere Schule war schon von weitem zu sehen, denn sie liegt inmitten eines weiten Wüstentales, wie ein kleines Dorf, einige Gebäude in Sand und Gestrüpp. Ein ausladender Neubau, sehr gepflegt und am Morgen kommen aus allen Richtungen kleine Pick-Ups von den verstreuten Siedlungen, vollgeladen mit vielen Kindern.

Vor der Türe diesmal aber zwei Fahnenstangen mit Flaggen: Die englische und die der Dinee. Der Direktor des Hauses freut sich den Gästen aus Deutschland etwas über seine Schule erzählen zu können:

Ziel sei, so erläutert er, die Kinder optimal auszubilden. Die Regierung der Dinee habe erkannt, daß der einzige Weg aus der Unterdrückung der Indianer herauszukommen, gute Schulbildung sei. »Wir wollen die besten Ärzte haben, die besten Lehrer, die besten Anwälte. Sie sollen aus unseren Reihen kommen und auch später sich an die Geschichte ihres Volkes erinnern. Sie sollen stolz darauf sein, Dinee zu sein. Nur so können wir unsere Interessen durchsetzen. Auch gegen die übermächtigen Regierungen der Bundesstaaten und Washingtons.«

Wie er das meinte, war schnell zu sehen: Die Kinder lernen zwei Sprachen, Dinee und Englisch, sie sollen sich als Ureinwohner und als Amerikaner verstehen. Und an Lehrmitteln wird nicht gespart. Da stehen die modernsten Computer neben alten traditionellen Handwerkstechniken, da gibt es die moderne Bibliothek und den Geschichtenerzähler. Und nun fangen sie auch an, die alten Erzählungen aufzuschreiben. Bisher wurden sie immer von Generation zu Generation mündlich weitergegeben. In den letzten 100 Jahren sind deshalb viele Geschichten verlorengegangen. Nun gehen die Dinee auf die Suche nach der eigenen Vergangenheit. Ein Volk macht sich selbständig.

In ihren Gebieten ist Alkohol verboten. Eine Entscheidung der Dinee-Regierung. Verständlich, denn mit Alkohol wurden ganze Indianer-Generationen in den Ruin geführt. Wer trinken will, muß in die weißen Städte fahren. Aber da fühlen sich die Bewohner des freien Landes nicht sehr wohl.

Dann bringt Ted uns zu seinem Haus. Neben einem kleinen Cañon fünf Fertighäuser, ein paar Autos und viele Hunde. Zuerst sind sie noch scheu, sehen aus wie sibirische Huskies und haben zum Teil verschiedenfarbige Augen. Blau und Gelb. Niemand wird sich den Häuschen nähern können, ohne von ihnen bemerkt zu werden. Sogleich sind sie da, bellen und jaulen und führen einen wahren Tanz auf. Dann aber kommen die Kinder, rufen sie zurück, streicheln sie und dann werden sie neugierig, denn die Fremden riechen interessant und neu und sprechen eine merkwürdige Sprache. Später dann lassen sich die mutigsten dann sogar streicheln, aber das rechte Zutrauen werden wir in der kurzer Zeit nicht erlangen.

Natürlich hat Franz sein Phantom dabei und Karl seinen bunten Regenbogenballon. Die Ballone waren für Kinder und Erwachsene der interessanteste Teil unseres Besuches. Ted hatte gesagt: »Natürlich könnt ihr über unser Land fahren, und die Begleitfahrzeuge über unsere Straßen folgen, aber, nehmt ein paar Kinder mit. Sie wären begeistert und außerdem sollen sie morgen in ihrer Schule darüber berichten.«

Mit der Zeit wurden es immer mehr Menschen. Aus allen Ecken des Dinee-Gebietes kamen sie herbei um zu sehen, was diese verrückten Weißen dort machten und alle wollten natürlich mitfahren.

Als beide Ballone dann langsam aufstiegen waren die Körbe randvoll gefüllt. Niemand konnte umfallen und die Kinder lugten mit einer

Nächste Seite: Fahrt über die Roten Felsen. Die Red Rocks werden von den Dinee als heilige Berge verehrt.

Aus der Luft ist es leichter den Verfolgern den weiteren Weg zu weisen. Nur von hier aus hat man einen Überblick über den besten Weg am Boden.

Mischung aus Angst und Freude über den Korbrand. Das Dorf von oben, die vielen kleinen, verwinkelten Spielplätze in den Cañons daneben, die ausgefahrene Sandpiste hinunter zur Hauptstraße, so hatten sie ihr Land noch nicht gesehen.

Dem träge dahingleitenden Ballonen folgte eine lange Wagenreihe. Schließlich wollten alle sehen, wohin die Reise ging. Immer wieder kamen die großen, bunten Lampions herunter, mußten von kräftigen Händen festgehalten werden, denn einige stiegen aus, andere kletterten in den Korb. Das Land der Dinee.

Unten, dicht bei der historischen Route 66, gleich hinter der Bahnlinie, kamen wir wieder zu den Red Rocks. Die glatten roten Monoliten werden von den Ureinwohnern als heilige Berge verehrt.

Erst aus der Luft sind die Ausmaße zu erkennen, verlieren sich Straßen und Eisenbahnzüge neben ihrer Größe. In der warmen Morgensonne reflektiert sich ihre rote, glatte Oberfläche und sie wirken wie gigantische, schlafende, rote Schildkröten, die darauf warten geweckt zu werden. An keinem anderen Fleck der Erde gibt es solche Berge. Sie zu besteigen ist verboten, die Dinee schützen ihr Land vor den schädlichen Einflüssen des Massentourismus. Um dorthin zu kommen muß man sich bemühen, man muß die Erlaubnis bekommen, man muß Traditionen akzeptieren. Wir sind Gäste.

Die Ballone treiben weiter ins Landesinnere. Schwer ist es nun zu folgen, denn sie wippen über Hügelketten hinweg, die die Verfolger mühsam umfahren müssen. Hinter jeder Ecke neue Ausblicke, eine andere Form der Landschaft, kleine Pferdeherden, einzelne Häuser. Und natürlich wissen die Bewohner inzwischen, wer wir sind, was wir machen, und natürlich auch, daß ihr Chef dabei ist.

Das Schönste würden wir gar nicht zu sehen bekommen, meinte am Abend vorher Ted. Wir sollten unbedingt noch einmal wiederkommen, und Karl unterstützte ihn lebhaft dabei. Sie meinten den Canyon de Chelley. Ein heiliger Ort der Dinee, ein nationales Monument für die Weißen. Dabei handelt es sich um ein enges Tal mit senkrechten Wänden und glattem Fels.

Die Ballone fahren in den Cañon hinein und

Aufstieg zu den Roten Felsen. Langsam schiebt sich das Phantom über den roten Bergrücken, der wie eine große Schildkröte aussieht. Die Piloten müssen sich allerdings auf die Fallwinde einrichten.

Indianer kommen an Bord: Gerne nehmen die Dinee das Angebot der Piloten an, sie ein Stück mitzunehmen. Lange wird es wohl nicht mehr dauern und sie schaffen sich selbst einen Ballon an, so groß war anschließend ihre Begeisterung.

lassen sich an den Wänden abrollen, folgen in wenigen Metern Höhe dem gewundenen Lauf des engen Tales. Je mehr Ballone dabei sind, um so größer ist das Spektakel. Der Wind treibt die großen Lampions nicht nach oben, aus dem Tal hinaus, sondern immer tiefer hinein, bis zu seinem Ende.

Auch dieser Cañon darf nur mit Einwilligung der Dinee-Regierung befahren werden. Aber die, so sagt der Chef, könne er jederzeit besorgen. Wir sollten doch einfach kommen. Seitdem haben wir noch einen Termin in Gallup. Irgendwann werden wir ihn wahrnehmen.

Die Reise endet bei einem großen, sichelförmigen Berg. In seinem Windschatten kommen der Regenbogen und das Phantom wieder herunter. Die Piste führt bis an den Landeplatz heran. Da müssen die Autos ihre Geländefähigkeit zeigen.

Ted führt uns an die steil abstürzenden Berghänge heran. Er läßt uns die Schräge ein Stück hinaufklettern. Hier liegt ein alter Kultplatz der Dinee, eine der letzten Trutzburgen gegen die Weißen, die ihr Land rauben wollten.

Wären wir Archäologen, wir stünden wohl heute noch an dem Berghang. Ein Teil der Geröllhalde ist die Hinterlassenschaft vieler Generationen von Ureinwohnern. Hier wurden ihre Götter verehrt, hier wurden Opfer gebracht.

Wir finden Teile von Schüsseln und Schalen, zerborstenen Opfergaben und erfahren, daß dies ein Ort sei, den die Indianer seit mindestens 2000 Jahren aufsuchen. Auf den Bruchstücken sind noch deutlich gezeichnete Verzierungen zu erkennen, einfache Werkzeuge aus Stein neben noch gut erhaltenen Figuren aus gebranntem Ton. Hier liegt ein Ort, der für Außenstehende noch viele Geheimnisse birgt. Die Dinee meinen, das solle so bleiben. Nur sie dürften entscheiden, was preiszugeben sei und was nicht. Aufgrund ihrer Geschichte können wir das verstehen. Zu oft wurde ihr Vertrauen mißbraucht. Jetzt aber sind sie auf dem Wege ihre eigenen Interessen auch politisch durchsetzen zu können. Die Dinee beginnen das eigene Leben auch selbst zu bestimmen. Noch ein Grund sie noch einmal zu besuchen.

Abends in Gallup sitzen wir zusammen im Hotel und essen. Ted, unser Häuptling, und viele andere sind dabei. Sie erzählen kleine Geschichten und es wird viel gelacht. Nur wenige Kilometer neben der Autobahn, einen Steinwurf vom Hotel entfernt, beginnt eine andere Welt. Sie ist nicht besser oder schlechter als unsere, aber sie ist ganz anders. Ein wenig davon haben uns die Dinee gezeigt.

Als wir sie an der Türe verabschieden ist es schon tiefe Nacht. Wir steigen die berühmte Treppe in der Hotelhalle zu unseren Zimmern hinauf. Alle hätten wir es gerne gesehen, wie John Wayne mit dem Pferd hinaufgeritten ist.

Ballonfiesta in Albuquerque

Natürlich war es wieder sehr früh, natürlich war es kalt, aber es waren viele Leute da. Am Horizont war das erste zarte Rot des Morgens zu sehen, die Luft war kalt und roch nach Wüste. Oben auf dem Podest stand ein grellbemalter Mann und redete über's Wetter. Viele grellbemalte Menschen liefen in der Gegend herum. Auch Hände und Gesichter bemalt wie Zebras oder Schachbretter. In der Kleidung setzten sich diese wilden Muster fort. Irgendwie sahen sie aus, als wären sie just einem Zirkus entsprungen. Wir waren in Albuquerque, New Mexico, USA. Hier findet jedes Jahr die größte Ballonfiesta der Welt statt. 625 Heißluftballone und 40 Gasballone waren diesmal da. Auf einem riesigen Areal außerhalb der Stadt sollen sie starten. Große Tribünen säumen den Platz und in den Gassen dazwischen wird alles verkauft, was auch nur in Ansätzen mit Ballonfahren in Verbindung gebracht werden kann. Luftfahrer sind schon ein wenig verrückt. Von fast jedem Ballon gibt es Sticker, Pins und Aufkleber. Besonders die Special-Shapes finden dabei natürlich das größte Interesse, denn die verrückt gestylten Hüllen sind Hunden, Kühen, Flaschen oder Autos nachgebildet. Da findet sich auch schon mal ein überdimensionaler Schuh oder sogar ein kleines Schloß. Special Shapes sind zwar schwer zu fahren, aber alle sehen hin und alle würden schrecklich gerne mitfahren.

Der Wettermann auf dem Podest war zum Ende gekommen. Nach seiner Vorhersage sollte es ein toller Ballontag werden: wenig Wind, wenig Thermik in den Morgenstunden und ein blendendes Wetter. So ganz konnte das zwar niemand glauben, denn die Nacht war noch kalt, aber der Spezialist würde schon recht behalten, denn amerikanische Wetterleute sollten doch wissen, was wenige Stunden später passiert.

Die bunte Truppe hatte das Regiment übernommen, denn Show hin Show her, alles auf diesem Fest sollte seinen Zweck haben. Die Kostümierung diente denn auch dazu, die jeweilige Funktion auch nach außen deutlich zu demonstrieren. Sie waren die Launcher, die Leute, die den Start all dieser vielen Ballons zu steuern hatten. Die Schiedsrichter quasi.

Auf den Zufahrtswegen zum großen Startplatz war inzwischen der Verkehr zusammengebrochen. Tausende von Autos schlichen über die nächtlichen Straßen und an einigen hing hinten ein kleiner Wagen mit dem Ballonkorb dran und viele gutgelaunte Leute saßen und hingen daran und darin. In Europa wären solch chaotische Transportmethoden von der Polizei schlicht verboten worden, hier aber war es der Obrigkeit völlig egal. Trotz des Gedränges und Geschiebes wurde jedoch niemand aggressiv, niemand hupte wild herum oder versuchte gar, an anderen vorbei, ein wenig schneller ans Ziel zu kommen. Gelassenheit war angesagt.

Rund 80 Ballons konnten gleichzeitig aufgebaut werden, die anderen mußten warten, aber noch größer hätte niemand das Startfeld machen können. Es war ohnehin kaum zu übersehen.

Als die Sonne knapp über dem Horizont stand, fing das Spektakel so richtig an. Hektische Betriebsamkeit setzte ein. Hätten wir nicht vorher gehört, daß das große Feld wie ein Schachbrett aufgeteilt sei, wir hätten annehmen müssen, alles gehe im Chaos unter. Aber, auch weil dies eine nordamerikanische Veranstaltung ist, war alles wohlgeordnet.

Jedes Feld war drei Ballonen zugeordnet worden, die in drei Wellen starten sollten. Dafür war dann das buntbemalte Startpersonal zuständig. Überall standen deshalb Autos mit ihren kleinen Hängern nebeneinander und der erste in der Reihe war schon beschäftigt die Hülle auszubreiten, das Gebläse anzuwerfen und den Korb einzuhängen. Hunderte von Ballons erwachten gleichzeitig zum Leben.

Das Getöse der Motoren war groß, Kommandos wurden wild herumgebrüllt und alle waren bester Laune. Die Fiesta von Albuquerque ist einer der vielen Träume von Ballonfahrern. Im Gegensatz zu anderen Ballonfesten hat das interessierte Publikum hier unbegrenzten Zutritt. So laufen dann Menschenmassen zwischen den Ballonen herum, greifen hier und da kurz einmal mit an, wenn es notwendig ist und betrachten sich die Aktivitäten ganz aus der Nähe. Und die Ballonisten nehmen es mit großer Gelassenheit, denn niemand tritt auf das empfindliche Tuch, niemand steht im Wege herum, wenn ein wenig Platz

Albuquerque: An jedem Morgen der Ballonfiesta treffen sich Piloten und die grell angemalten Starter zum Briefing. Hier werden die Tagesaufgaben bekannt gegeben. Die Befehle der Starter sind auf dem Platz Gesetz.

gebraucht wird. Eine überfüllte, aber auch sehr disziplinierte Veranstaltung.

Wir sind uns vorgekommen wie die kleinen Zwerge, die zwischen den großen Blüten eines gigantischen Tulpenfeldes herumspazieren. Und der Krach hat niemanden gestört. Wenn die Ballone aufgerichtet sind, aber noch nicht davonschweben können, ist der Himmel nur in kleinen Fleckchen zu sehen. Dicht an dicht stehen sie, reiben ihre Häute aneinander, wiegen sich zusammen im leichten Wind und warten nur darauf, endlich losgelassen zu werden und in ihr Element aufsteigen zu dürfen.

Franz und sein Phantom zu finden war gar nicht so einfach. Vor lauter Ballonen sieht man einen einzelnen Ballon gar nicht mehr. Das Phantom sollte mit der zweiten Welle starten. Die erste Welle aber war noch gar nicht weg. Plötzlich kam Unruhe in das ganze Feld. Am unteren Ende erhoben sich die ersten straff gespannten Hüllen in die Luft. Ein kräftiger Stoß mit dem Brenner und schon erhob sich der große Ball vom Boden. Langsam kam die Startlinie näher. Jetzt erst, als sich der Ausblick kurz wieder erweiterte, ist zu sehen, daß die Launcher in gerader Linie vorrücken und mit Trillerpfeife und Gebrüll die Ballonfahrer nach oben schicken. Der Ballon darf aber erst mit dieser Freigabe aufsteigen, denn das Durcheinander wäre viel zu groß, wenn alle auf einmal starten würden. Auch eine Fiesta muß schließlich ihre Ordnung haben.

Vor uns lichten sich die Reihen, und dann kommt der Starter auch zu uns. Die Trillerpfeife schrillt, das menschliche Zebra brüllt, grinst, winkt mit den Armen und schon heben sich die Hüllen. Die ganze Reihe hebt geschlossen ab. Laut zischend werfen die Gasbrenner die heiße Luft nach oben in den großen Sack, die Leute am Boden lassen den Korb los und unter Gejohle und Winken treiben die großen Lampions langsam davon. Vor uns sieht das Startfeld aus wie ein abgeernteter Acker. Auch die Begleitfahrzeuge machen sich eilig davon, um ihren großen, bunten Ballonen zu folgen. Ganz hinten, am anderen Ende aber beginnen bereits neue Blüten ihr Leben und dazwischen, winzig klein durch die Ent-

fernung, viele Zwerge, die diesen künstlichen Pflanzen Leben einhauchen wollen.

Auch Franz läßt jetzt das Phantom auspacken. Über die glatte Wiese des Startplatzes wird die Hülle gezogen und vorsichtig ausgebreitet. Längst schon ist der Korb vom Wagen geholt worden, die Flaschen festverschnürt, die Brenner bereits montiert. Mit der Topleine muß man sich allerdings schon an den Nachbarn vorbeimogeln, denn auch um uns herum herrscht nun geschäftiges Treiben.

Immer wieder umkreist Franz seinen Ballon wie der Hütehund die Herde. Immer wieder gilt es die Bahn glattzuziehen. Falten auszubügeln. Und im Inneren müssen die Leinen geordnet und Knoten kontrolliert werden. Am Maul unten brüllt jetzt unser Gebläse und pustet die nunmehr warme Luft des Morgens herein. Es ist wie in

Während der Fiesta in New Mexico dürfen die Zuschauer nahe an die Hüllen herankommen. Aber niemand stört den Aufbau, niemand behindert die Piloten. Es ist eines der diszipliniertesten Ballonfeste der Welt.

einer großen Kaverne, die dunkle Hülle, durch die nur wenig Licht fällt und das weit geöffnete Maul am Ende vor dem der Korb liegt.

Draußen bedarf es schon zweier Leute, die die Topleine halten, aufpassen, daß der liegende Ballon nicht zu den Nachbarn hinübergetrieben wird. Die zweite Person zu bekommen ist aber kein Problem. Zu viele ballonbegeisterte Zuschauer wandern umher. Und auch die größeren Bitten werden von ihnen sofort erfüllt. Schließlich will jeder von ihnen auch einmal spüren, wie das Ding langsam Kraft entwickelt, immer wieder versucht, sich der bändigenden Kraft des Menschen zu entziehen.

Die Organisatoren haben sich diese Begeisterung zunutze gemacht. Überall auf dem Platz sogenannte Volonteers, freiwillige Helfer für die Besatzungen, die nicht mit einem großem Team hergekommen sind. Und das sind viele. Aus der ganzen Welt sind sie gekommen, mußten Korb und Hülle mit dem Flugzeug transportieren. In Albuquerque wurden sie dann von »ihren« Volonteers abgeholt. Die fahren jetzt mit den eigenen Fahrzeugen umher, um die entflogenen Riesentulpen wieder zurück zum Startplatz zu bringen. Hinten auf den Pick-Ups stehen deshalb in diesen Tagen immer wieder die Körbe, und meistens stehen die Ballonfahrer und die Helfer darin wie römische Gladiatoren in ihren Kampfwagen. Aber friedlicher sind sie, und freundlicher und geredet wird natürlich nur über Ballone und das Wetter. Erkennen kann man sie leicht, denn immer geht während der Gespräche von Zeit zu Zeit die Hand nach oben, bedient einen imaginären Gashahn, man spricht vom oder über's Ballonfahren.

Unser Volonteer heißt Jack, hat früher im Wald gearbeitet und ist seit ein paar Jahren pensioniert. Haus und Grundstück hat er verkauft und für den Erlös ein starkes Auto und einen gigantischen, aufklappbaren Wohnwagen gekauft. Der wird wie ein Sattelschlepper hinten auf die Fläche des Pick-Ups aufgelegt und dann gemütlich von Ort zu Ort gefahren. Als wir ihn auf dem speziellen Parkplatz für Volonteers besuchen, steht der Kaffee schon auf dem Tisch. Über Funk waren wir angemeldet und seine Frau, heute ausnahmsweise mal nicht auf dem Startplatz, freute sich schon darauf, die Deutschen kennenzulernen, die in diesem Jahr unter ihrer Obhut standen.

Sie fahren durch alle Staaten der USA, dahin wo die Sonne scheint, oder die Landschaft schön ist oder Schnee zum Skilaufen liegt. Manchmal, wenn irgendwo im Land ein paar Dollar zu verdienen sind, dann bessern sie ihre Rente auf. Auf der Fiesta allerdings sind sie wegen der Ehre dabeigewesen zu sein, geholfen zu haben. Dafür sind die Volonteers hoch angesehen, haben auf dem Platz ein eigenes Festzelt und bekommen bei der Vorbereitung besondere Abzeichen und Buttons. Auf dem Devotionalienmarkt in Sachen Ballonfahren erzielen diese Auszeichnungen Höchstpreise, aber welcher gestandene Volonteer würde sich von seinen Ehrenzeichen trennen wollen.

Sie kämen gerade von einem »Duckrace« bekommen wir, die Europäer, zu hören und vorstellen können wir uns unter diesem Begriff gar nichts. Aber wir sollten Aufklärung erhalten: Beim »Duckrace« bekommt jeder Teilnehmer eine kleine Schwimmente aus Plastik, die er dann, zusammen mit Hunderten anderer, einen Bach hinunterschwimmen läßt. Wessen Ente als erste unten ankommt, der hat gewonnen. Es soll ein großer Spaß sein. Jack und seine Frau waren diesmal nicht als Teilnehmer dabei, sie haben die Enten unten wieder eingesammelt und sie dann zum nächsten »Duckrace« gebracht. Es soll Unternehmer geben, die damit viel Geld verdienen. Manchmal glauben wir schon daran, daß Amerika das Land der unbegrenzten Möglichkeiten ist.

Jack also ist diesmal »unser« Volonteer und freut sich besonders darüber, daß er uns hat. Im vergangenen Jahr, so sagt er, hätten er und seine Frau ein japanisches Team begleitet. Da aber sei die Verständigung sehr schwierig gewesen. Er sagt es und spricht im schweren Akzent von Arkansas. Wir können uns vorstellen, daß auch die Japaner ihre Verständigungsschwierigkeiten hatten.

Als der Ballon steht, muß er nicht mehr gehalten werden. Zu dicht stehen die Hüllen nebeneinander, zu wenig Angriffsfläche hat jetzt der Wind. Die großen, bunten Tulpen reiben ihre Häute wieder aneinander, warten, daß der Starter kommt und ihnen den Weg zum Himmel weist. Inzwischen werden auch die anderen Ballone aufgerüstet. Überall laufen die Ventilatoren, blasen kalte Luft in die Hüllen. Wohin das Auge blickt Ballone, ein ganzer Wald. Und der wird immer dichter. Aber das alles ist nur die erste Welle, denn wegen der riesigen Zahl von Ballonen wird in Albuquerque in drei aufeinander folgenden Wellen gestartet.

Immer mehr Menschen kommen auf den Platz, Ballonkörbe werden abgeladen, Hüllen ausgebreitet. Um vier Uhr waren wir im Hotel gestartet. Man hatte uns vorgewarnt, der Verkehr sei sehr dicht. Was wir dann allerdings erlebten, war ein Verkehrschaos auf dem Weg zum Startplatz. 1,6 Millionen Zuschauer zieht die Ballonfiesta in Albuquerque jedes Jahr an. Später haben wir dann dazugelernt und Schleichwege benutzt, da haben wir dann anstatt drei Stunden nur eineinhalb für 10 Kilometer gebraucht.

Am Ende des Platzes, hoch oben auf einer Tribüne steht ein Ansager und kommentiert jeden einzelnen Ballon. Viel Zeit für Einzelheiten hat er nicht, zu groß ist die Masse, zu viele der Hüllen ziehen in schneller Folge an ihm vorbei. Das Fernsehen überträgt die Fiesta den ganzen Mor-

Aufrichten zur ersten Welle: Über 600 Ballone sind zum Start angetreten. Da diese natürlich nicht alle zugleich aufsteigen können, haben die Starter alle Teilnehmer in drei Wellen eingeteilt.

gen hindurch. Hoch über uns schwebt ein Hubschrauber der Fernsehgesellschaft um auch die schnellen, weit abtreibenden Ballone den Fernsehzuschauern zu zeigen. Albuquerque ist im Ballonfieber. Eine Woche lang, dann sind Hotels und Kneipen wieder leer und die Stadt wird wieder eine ganz normale Ansiedlung im Südwesten der USA sein.

Wie eine langezogene Welle schweben viele bunte Punkte vom Startplatz aus bis zum Horizont. Jeder Ballon ist anders, jede Hülle drückt den Geschmack oder die Neigung seines Besitzers aus, jedes dieser Punkte besitzt eine eigene Individualität.

Der Starter nähert sich unserer Reihe. Die Ballone vor uns erheben sich, sind vielleicht 5 bis 6 Meter in der Luft, da kommt der gestreifte Pfeifenmann auch zu uns. Nun kann den Ballonisten nichts mehr halten, er will hinauf zum wilden Rudel, eintauchen in die Masse der bunten Kugeln, darüberschweben, unten durchtauchen. Er will zu den anderen.

Ein Ruck geht durch den Korb. Wir sind frei. Zischend öffnet der Brenner der heißen Luft den Weg in die Hülle, unter uns tauchen die Helfer, die Autos, die Zuschauer weg.

Hinter uns lauern die nächsten auf die Gelegenheit zu folgen, wackeln die großen Kugeln wie die Köpfe staunender Menschen, die nicht glauben können, daß der Mensch fliegen kann. Und dann wird es ganz still. Kein Rauschen, kein Wind. Wir fahren durch die Luft und empfinden, daß es drei Dimensionen gibt in denen wir leben. Wir genießen das Gefühl des lautlosen Schwebens, scheinbar schwerelos wie die Fische im Wasser.

Splash and dash

Die Dinger machen einen Höllenlärm, aber sie sind toll. Kleine Hovercrafts, Luftkissenfahrzeuge für zwei Personen. Sie flitzen auf dem Rio Grande herum und transportieren Presseleute und Fotografen an die interessanten Stellen. Hier nämlich kann man das allseits beliebte »splash and dash« beobachten.

Die Pressestelle des Ballonfestes hatte die Verbindung gestrickt und wir hatten sie natürlich mit großer Freude wahrgenommen. Denn in Albuquerque, anläßlich des Ballonfestes geht es zwar auch um Ruhm und Ehre, da werden Wettbewerbe ausgetragen, die alten Hasen aber pfeifen auf den Titel. Sie wollen ihren Spaß haben. Titel und Pokale haben sie genug.

Und da gibt es noch etwas, das ihnen großen Spaß macht. Sie beweisen, daß sie fahren können. Bei den Hubschrauberpiloten nennt man das Konturflug, die genaue Anpassung der Linie über dem Boden an die Landschaft. Da wird jeder Hüpfer über dem Boden dann der Landschaft angepaßt und auch die Bäume sind ein beliebtes Hindernis. Nur bei Häusern und Überlandleitungen ist Vorsicht geboten.

Nun, bei den Ballonfahrern ist das nicht anders. Nur die Abstände zum Boden sind geringer. Franz zum Beispiel liebt sie zwischen 30 und 50 Zentimetern. Fast könnte man gemütlich ein- und aussteigen, würde sich das Gefährt nicht flott über den Grund bewegen. Deshalb bleibt man lieber drin und sieht sich das Ganze aus der Nähe an.

Wenn allerdings ein Fluß oder ein See in der Nähe ist, dann flippen Ballonfahrer erst recht aus, denn dann nehmen sie die Herausforderung an und gehen ins Wasser. Die Könner bekommen es hin, lediglich die Unterseite des Korbes mit Wasser zu benetzen, die weniger Geübten baden dann schon mal die Füße der Beteiligten. Trotzdem ist es ein großer Spaß und in der heißen Wüste schaden nasse Füße überhaupt nicht – im Gegenteil. Deshalb haben verständlicherweise auch die kleinen Hovercrafts ihren Sinn, denn jeder anständige Fotograf will das Eintauchen natürlich aus der Nähe sehen.

Die Eigentümer und Betreiber dieser Flitzer scheinen eine große Familie zu sein. Zwar tragen sie alle unterschiedliche Namen, aber sie hängen zusammen wie die Zwillinge, viele Zwillinge. Auf die Frage, wie man diese lauten Dinger denn in einem so umweltbewußten Land wie den USA überhaupt zugelassen bekomme, antworten sie zuerst mit einem Lächeln. Zwar seien die Gefährte ein bißchen laut, das sei schon richtig. Aber es sei garantiert, daß kein Öl ins Wasser komme und die Abgaswerte seien sogar in Kalifornien zugelassen. Nur laut sei es halt. Aber das sei so wichtig nun auch wieder nicht.

Ansonsten bekommen wir, was wir uns wünschen und Mary, die uns zugeteilt wurde, kennt sogar das Geschäft mit Fernsehkameras. Das mache sie öfter und außerdem wären wir am heutigen Tag auch nicht die ersten. Das Team sei noch draußen. Später würden dann alle wieder eingesammelt.

So wird die Kamera installiert, was noch trockenen Fußes passiert, denn unser Luftkissenfahrzeug liegt noch auf festem Grund. Das vereinfacht vieles. Und dann geht sie ab, die heiße Jagd, denn Schnellfahren auf dem großen Rio Grande gehört halt zum Spaß.

Auf einer weitgezogenen Sandbank finden wir uns alsbald wieder und dann wird es leise, denn Mary saust schon wieder davon, vielleicht will ja das andere Team den Standort wechseln. Mary hat übrigens eine Zeitlang in Heidelberg studiert und liebt diese Stadt immer noch sehr. Wir fragen uns, was Amerikaner an Heidelberg wohl begeistern mag. Denn wir kennen schon einige, die dort längere Zeit verbrachten. Wir werden das nachprüfen.

Über Funk erfahren wir, daß mehrere Ballone sich unserer Stelle nähern, darunter auch unser Ballon, das Phantom. Wir richten uns auf die Bilder ein.

Langsam kommt ein gigantischer Hund über die Bäume am Ufer. Wir wissen, daß er aus Japan kommt, ein wunderschöner Special-Shape, toll anzusehen aber schwer zu fahren. Wir hatten ihn

Rechte Seite: »Splash and dash«: Die Kunst dieser Übung liegt darin, die Unterseite des Korbes zu benetzen, ohne daß die Fahrer nasse Füße bekommen – hier der Wolkenballon.

Das Phantom bei der Anfahrt zum splash and dash.

schon einmal bei einer windigen Landung gesehen. Die beiden Fahrer waren damals alleine gewesen und das Ding schleifte sie eine weite Strecke hinter sich her. Bei einigen speziellen, kompliziert gebauten Hüllen entweicht die heiße Luft nur langsam und der Ballon ist noch träger als Ballone es ohnehin schon sind. »Mal eben so« findet da nicht mehr statt. Dafür aber sehen sie wunderschön aus.

Tohru Takahashi, der Japaner, kommt also über die Bäume und der Fahrer tastet sich vorsichtig in Richtung Wasser. Immer wieder muß er mit vorsichtigen, kleinen Feuerschüben die große Hülle abfangen, darf sie sich doch nur Zentimeter um Zentimeter dem Wasser nähern. Zu schwerfällig ist der Ballon für schwungvolle Manöver.

Im ersten Versuch verfehlen sie die Wasseroberfläche um wenige Zentimeter, beim zweiten Mal platscht es zart, dann aber muß er schnell Höhe gewinnen, denn den Bäumen der gegenüberliegenden Seite nähert er sich bedrohlich.

Und niemand will schließlich das empfindliche Ding mühsam aus den Ästen klauben.

Von hinten aber kommt schon der nächste Ballon. Eine Konstruktion, die wir nur aus den USA kennen, einen Ein-Mann-Ballon. Die Hülle ist übersichtlich, um das Wort klein zu vermeiden. Dafür hat sie aber auch wenig zu schleppen. Auf einem kleinen Brett, fast sieht es wie eine Schaukel aus, hockt der Ballonfahrer, auf seinen Rücken geschnallt eine Kombination aus Gasflasche und Brenner. Das ist alles. Kein Korb, keine aufwendige Einrichtung, angeblich die schönste Art Ballon zu fahren, wenn man es mag.

Unser Einzelfahrer kommt schwungvoll über die Bäume, läßt danach Heizung Heizung sein und geht genüßlich baden. Das mag vielleicht nicht die hohe Kunst des Ballonfahrens darstellen, aber er jodelt fröhlich vor sich hin und winkt uns freudig zu, obwohl er bis zur Hüfte im Wasser steckt. Dann erst gibt er Vollgas und augenblicklich reißt ihn die warme Luft wieder in die Höhe. Vielleicht wollte er sich auch nur auf eine weite Fahrt über das anschließende trockene Land vorbereiten.

Dann aber nähern sich zwei Senioren, ruhige Gestalten, Meister der höheren Kunst des Ballonfahrens. Einer davon ist unser Franz. Vorsichtig kommen sie auf die Uferbäume zu, ihr Abstand beträgt vielleicht 10 Meter. Da aber nicht damit zu rechnen ist, daß sie in unterschiedliche Windrichtungen geraten, besteht hier überhaupt keine Gefahr. Selbst wenn sich die Hüllen berühren sollten, ist das eher wie eine zärtliche Annäherung und wird deshalb auch gerne gemacht.

Als rechte Ballonfahrer müssen sie natürlich, irgendwie gehört das wohl dazu, vorsichtig die obersten Äste leicht kratzen. Die neigen sich, Klügere geben halt nach, leicht nach vorne, es raschelt ein wenig und der Beweis, präzise fahren zu können, ist erbracht. In gegenseitiger Bewunderung winken sich die Fahrer freundlich zu und gehen zum nächsten Punkt der Tagesordnung über. Kein Wasser, das nicht berührt werden muß.

Franz kommt schwungvoll, der andere behäbiger. Franz ist aber auch noch jünger und voller Tatendrang. Leicht touchieren beide die Oberfläche, sind natürlich voll des Lobes über sich und den anderen und fahren in ganz niedriger Höhe über das Wasser.

Die Sandbank, auf der wir stehen, lädt Franz zu einem kurzen Zwischenstop ein, den wir uns natürlich nicht entgehen lassen, die bessere Hälfte des Team, also Bea samt Kamera, einzuladen. Später wird mich dann Mary vorwurfsvoll fragen: »Where is the Lady with the camera?« Die Erklärung hatte ihr aber dann doch ausgereicht. Natürlich wollte niemand ernsthaft annehmen, ich hätte meine Kamerafrau nebst Kamera im Rio Grande versenkt.

Um jetzt wieder hochzukommen, mußte Franz schon ein bißchen mehr Dampf machen, denn der Unterschied zwischen zwei und drei Personen ist für einen Heißluftballon schon bedeutsam. Aber selbst weitere Personen hätte er verkraftet, denn die zwei Brenner liefern ein beachtliches Maß an heißer Luft.

Langsam, der Wind hatte sich abgeschwächt, hob das Phantom an, schwebte auf die Bäume der gegenüberliegenden Seite zu und mußte noch einmal wieder sachte die obersten Baumspitzen berühren. Gelernt ist schließlich gelernt, kein Baum ist vor Franzens Ballonberührung sicher.

Bei Albuquerque fließt der Rio Grande durch eine weite Ebene und hat sein Bett tief in den weichen Sand eingegraben. Das Ufer ist steil und geht dann in eine geschwungene Hügellandschaft über. Und für leichte Bögen haben Ballonfahrer auch eine Schwäche. Konturenfahren.

Ein Hase hatte sich wohl ziemlich über das fast lautlos daherkommende Ding erschreckt. Dann aber hatte der Schatten ihn erfaßt und er zog es vor, sich in Sicherheit zu bringen.

Franz, unser Ballonfahrer und ehemaliger Kapitän auf großer Fahrt, beugte sich über dem Korbrand, wie er es wohl auch auf seinem Schiff von der Kommandobrücke aus getan haben wird. Sein Gesicht strahlte Zufriedenheit aus. In der satten Höhe von vielleicht 30 Zentimetern ging es zügig einen flachen Hang hinauf. Eine Hand am Brenner und den Blick immer in die »Tiefe« gerichtet.

Die Kunst bei Fahrten dieser Art ist es, immer den gleichen Abstand vom Boden zu bewahren

Gelungen!

Der Regenbogen. Es ist schwer sich einem Gewässer zu nähern. Der Kurs will getroffen sein, die sich verändernden Windströmungen müssen berücksichtigt werden. Auch die unterschiedlichen Temperaturen über Land und Wasser beeinflussen die Fahrt. Dieses Manöver ist nichts für Anfänger. Fortgeschrittene allerdings können von diesem Spiel nicht lassen.

Der Regenbogen berührt die Baumspitzen. Diese Übung ist vergleichbar mit dem Berühren einer Wasseroberfläche. Sinkt der Korb zu tief in die Äste, dann kann er verloren gehen. Daher ist Vorsicht geboten.

und trotz der schubweisen Zugabe heißer Luft in die Hülle eine gerade auf- oder absteigende Linie zu fahren. Sprünge sind in dieser Disziplin verpönt. Dazu muß man wohl im Rahmen des Lernprozesses wohl einige Male Grundberührung gehabt haben, aber über dieses Stadium war er ja schon lange hinaus.

Oben auf der Spitze des Hügels stand ein Haus und auf dem Haus war eine große, ausladende Antenne montiert. In diesem Fall schien es angebracht auf die sonst übliche leichte Berührung zu verzichten, denn die Ballonbegeisterung hört in solchen Fällen bei den Geschädigten schnell auf. Der einzige aber, der sich, beim Abstand von 30 Zentimetern von der Antennenspitze aufregte, war der Hofhund, der unten an der Kette liegen mußte.

Vorne lag ein wunderbar großes, von Hochspannungsleitungen und Stacheldrähten völlig verschontes Gelände und lud zur Landung ein. Leider war es ein Golfplatz und die Besitzer solcher Plätze haben bisweilen eigene Vorstellungen von Heißluftballonen. Deshalb ging Franz auch zuerst einmal vorsichtig nach unten und hielt Ausschau. So dauerte es auch nicht lange und der Betreuer des Platzes kam mit seinem Elektrocaddy herbeigeflitzt, um nach dem rechten zu sehen.

Nein, eine Landung sei nicht erwünscht, das schade dem Platz und die Gäste könnten sich gestört fühlen. Das war zwar schlichter Unsinn, aber was soll man machen. Franz aber hatte ein kleines Problem und das mußte nun erläutert werden. Da er nämlich nur noch einen begrenzten Gasvorrat hatte, äußerte er den Wunsch, doch jemanden absetzen zu dürfen, denn schließlich könne niemand ihm jetzt sagen, wie weit er noch zu fahren hätte. »The young Lady with the TV-camera« sollte doch bitte aussteigen dürfen.

So eng wollte der Betreuer es dann auch wieder nicht sehen und nach einiger Zeit gestattete er den Aussteigestunt. Was hätte er sonst schon tun können.

Das Aussteigen aus einem schwebender Ballon ist eine kitzelige Sache. Denn da verlassen plötzlich eine Reihe Kilogramm den Korb und der Ballon hat natürlich nichts besseres zu tun als eilig in die Höhe zu gehen.

Deshalb packten gleich mehrere Golfspieler an, um den Korb an hektischen Bewegungen zu hindern, Kamera und Kamerafrau verließen das Gefährt und alle ließen gleichzeitig auf Kommando wieder los. Gar mancher Helfer ist schon so zu einer unfreiwilligen Mitreise gekommen, denn wer nicht rechtzeitig losläßt findet sich binnen weniger Sekunden in größerer Höhe wieder, in der ein Abspringen der Gesundheit abträglich ist. Dann hängt man leicht an der Außenseite des Korbes, alle müssen helfen, die Person hereinzuzerren und es gibt große Aufregung. Aber das muß natürlich nicht sein.

So entschwebte das Phantom vom Golfplatz und den Regeln des Ballonfahrens war Genüge getan. Alle sind natürlich wieder abgeholt worden. Wir lassen niemanden zurück. Franz landete in einer weiten Sandgrube, aber das ist eine andere Geschichte.

Typisch Ballonfahren: Erlebnisse in Österreich

Die Frau vom Berg

Sie ist weit über 80 Jahre und sie sitzt inmitten eines edlen Restaurants, dem Hotel Hubertus in Filzmoos. Sie liest aus ihrem Buch »Hartes Brot«. Ein Bauernkind aus der Umgebung, alt geworden, traurig manchmal und trotzdem immer noch neugierig. Wir haben sie hergebeten, um vor der Fernsehkamera aus ihrem Leben zu erzählen und sie war gekommen.

Was hat Barbara Passrugger mit dem Ballonfahren zu tun, denn darüber reden wir hier ja. Und wie sind wir eigentlich hierher gekommen?

Filzmoos veranstaltet eines der großen Ballonfeste in Europa. Natürlich nur eines der kleineren auf der Welt. Das Fest ist uns wichtig, denn wir haben hier weitere Ballonfahrer kennengelernt. Doch kehren wir zu Barbara zurück.

Nicht nur, daß wir hier in einem der schönsten Restaurants Österreichs, bei der auf ihrem Gebiet begnadeten Köchin und Chefin des Hauses Johanna Maier, gegessen haben. Wir haben hier auch Barbara kennengelernt. Mit 80 Jahren noch ist sie auf den Dachstein gestiegen, dem hohen Bergzug ihrer Nachbarschaft, den sie ihr ganzes, langes Leben vor Augen gehabt hat. Damals, weil es eine Besonderheit war, haben sie die Kollegen des Österreichischen Fernsehens begleitet, denn eine Achtzigjährige begleitet man nicht jeden Tag auf den Gipfel eines so hohen Berges. Heute wollten wir sie lediglich aus ihrem Leben erzählen lassen, wären da nicht Ton und sein Freund aus Holland gewesen, die uns begleiteten.

So ein Drehtermin mit einer alten Dame hat in diesem Restaurant natürlich seine Vorgeschichte: Zuerst wird nämlich gegessen, anderes wäre eine Beleidigung gegenüber der Küche des Hauses und das getraut sich niemand. Danach wird gedreht und dann, man kann sich dessen beim besten Willen nicht erwehren, dann ißt man weiter. Und Barbara war natürlich dabei, bescheiden, zurückhaltend, und, weil sie jeder hier kennt, wie ein Mitglied der Familie. Immer wieder kommt Dietmar, Johanna Maiers Mann und legt den Arm um die alte Dame. Barbara ist heute wer im Ort, denn jeder kennt sie und ihre Geschichte.

Aufrichten am Startplatz. Es ist harte Arbeit Ballone aufzurichten. Dazu bedarf es eines motivierten Teams, das sich ins Zeug legt. Vom Ballonfahren müssen sie daher alle begeistert sein.

Die letzte Phase des Aufrichtens. Noch ist der Ballon erst teilweise erwacht, noch hat er seine Kraft nicht voll entwickelt.

Ihre Erzählungen wollen wir nicht wiederholen, die, das ist entscheidend, muß man im Original lesen, in ihrer eigenen Sprache. Die können wir nicht nacherzählen, denn unser Leben verlief anders, wir haben andere Erfahrungen, deshalb sind wir dabei Fremde. Aber wir können die Begegnung mit ihr schildern, wie sie zum Beispiel zu erlesenen Speisen überredet werden mußte und wie und über was sie mit uns sprach. Barbara ist neugierig, sie hört zu, wenn andere erzählen.

Ton, der Holländer war dran und der erzählte über seine Erlebnisse im Ballon. Nur manchmal fragte sie nach, nur manchmal die bescheidene Bitte um Auskunft. Ton ist einer, der weder mit seinen Erlebnissen hinter dem Berg hält, noch einer, der damit protzt. Ton ist begeisterter Ballonfahrer und auch einer, der sich für anderes begeistern läßt.

In der Biographie der Autoren dieses Buches gibt es Kapitel, über die sie nicht immer sprechen möchten, die aber in ihrem Leben eine wichtige Rolle spielen: Zum Beispiel ist da das größte Taubblindenheim in Sergiev Possat, dem ehemaligen Sagorsk, dem wir uns schon lange verpflichtet fühlen, weil dort einfach gute Arbeit geleistet wird. 100 Kinder rund leben dort, werden auf das Beste erzogen und selbständig gemacht. Dafür, daß es auch so bleibt, arbeiten wir, dafür daß die Arbeit fortgeführt werden kann, sprechen wir mit vielen Menschen, versuchen wir sie zu begeistern. Und es hat sich gezeigt, wer immer zum ersten Male an diesem Brennpunkten war, es läßt ihn nicht wieder los. Ton ist einer von ihnen. Als Gartenbauarchitekt baut er nun einen Riech- und Fühlgarten für die Kinder. Unentgeltlich. Einfach, weil es ihm Spaß macht. Diesen Mann hatten wir also dabei und er erzählte Barbara die Geschichten vom Ballonfahren.

Barbara war interessiert, sie war angetan, begeistert. Und natürlich, wie sollte es auch anders kommen, sie interessierte sich für's Ballonfahren. Ton, unser »fliegender Holländer«, fragte sie, ob sie denn einfach morgen früh mitfahren wolle.

Natürlich wollte sie, denn eine Passrugger, die schon so oft auf den Berg gestiegen war, fürchtete sich vor nichts. Noch nicht einmal vor dem Fahren mit einem Heißluftballon.

Der Abend ist eines und der Morgen etwas ganz anderes. Deshalb waren wir zuerst noch skeptisch. Denn eine alte Dame, weit in den Achtzigern, rüstig zwar, aber halt doch gesetzteren Alters, könnte sich die Angelegenheit ja noch einmal überlegen. Deshalb verhielten wir uns zuerst abwartend.

Natürlich kam der Morgen, natürlich haben wir den Ballon aufgebaut und natürlich haben wir auf Barbara gewartet. Als es fast zu spät war, haben wir sie zufälligerweise entdeckt. Sie stand unter all den vielen Zuschauern und getraute sich aus Schüchternheit nicht hervorzukommen. Vielleicht hätten wir es ja gar nicht ernst gemeint.

Oh Barbara, welche Fehleinschätzung! Gekleidet war sie, als wolle sie den Berg zu Fuß besteigen. Dreiviertel lange lederne Hosen, wollene Strümpfe, feste Schuhe, Pullover und darüber eine wetterfeste Jacke. Fast hätte dieses Mißverständnis eine große Enttäuschung in sich getragen. Natürlich wollte sie mitfahren, natürlich war ihre Begleitung eingeplant. Und fast wäre alles an ihrer Bescheidenheit gescheitert. Jetzt aber war alles wieder in der Reihe.

Es gibt zwei verschiedene Orte Ballonfahren zu erleben: Der eine ist von oben, wenn man mitfährt, der andere von unten, wenn man erlebt wie andere die Ballonfahrt erfreut. Beide Orte haben ihren Reiz, beide erfreuen, beide erfüllen den Betrachter mit anderen Gefühlen.

Wir sind oft mitgefahren, als Beobachter, als Journalisten, Fotografen, Fernsehmenschen. Wir

Start: Wenn die Ballone sich erheben, um in ihr Element aufzusteigen, lärmen die Brenner und die eben noch trägen Hüllen entwickeln ein Eigenleben.

Die Maus: Sie ist auf dem meisten Festen anzutreffen.

haben es genossen und manchmal war da auch ein seltsames Gefühl im Bauch. Diesmal aber war es wieder einmal anders. Wir blieben unten und Barbara stand im Korb. Eine Frau weit in den Achtzigern, die ein neues Lebensgefühl erfährt, ein neues Abenteuer. Barbara sollte Ballon fahren.

Sie freute sich unbändig. In ihr aber immer noch die Furcht, da könne jemand kommen und sagen: Es geht nicht, Du mußt wieder aussteigen. Sie kannte die Berge ihrer Heimat von unten, sie kannte sie in der Annäherung und auch dann, wenn sie, das hat sie uns erzählt, dem Berg ihre Sorgen gebeichtet hatte. Sie war oft dort, hatte oft gebeichtet und der Berg, so sagt sie, habe sie immer verstanden. Nun sollte sie ihren geliebten Berg von oben sehen dürfen. Heraus aus einer stillen Fahrt, nach einem lautstarken Aufstieg, leiser als der Flug der Vögel, ohne Anstrengung der Glieder. Eine leise Faszination der Höhe. Geboren aus der physikalischen Kraft schlichter, heißer Luft.

Wir sind unten geblieben, wir hätten nicht alle in den kleinen Korb gepaßt. Barbara war wichtiger, eine stillschweigende Übereinkunft aller. Nie aber wurde darüber gesprochen. Denn es ist wie im Leben: Über Dinge von Bedeutung soll man nicht reden, nur machen. Deshalb bestieg Barbara den Korb und deshalb gibt es vom folgenden Verlauf auch zwei Geschichten. Unsere, die wir unten blieben und die Fahrt des Ballons verfolgten, und die von Barbaras, der Passagierin.

Auf dem großen Platz stehen die Ballone bereit. Sie sind aufgerichtet. Zuerst haben die Gebläse gebrüllt, dann die Brenner. Nun bläst nur noch ab und zu ein Brenner heiße Luft in die Hülle. Es ist windstill. Deshalb hat es niemand eilig weg zu kommen. Sie plaudern, warten darauf, daß das Startzeichen kommt, prüfen ihre Ausrüstung und beobachten das Wetter.

Barbara genießt diese Vorbereitung. Zwar ist sie nicht mehr die unbedarfte, kleine Bergbäuerin. Zwar hat sie im Alter viele Menschen kennengelernt, in ihrem Inneren jedoch ist sie einfach geblieben, nicht eine exaltierte Frau, sondern nüchtern, beobachtend, und sie kann sich noch freuen.

Die ersten sind weg. Sie steigen empor, fast senkrecht, bis sie der Wind erreicht, der über den Berg streicht. Dann treiben sie ab in Richtung der

Nächste Seite: Das »Bunsh of Balloons«, das Bündel Ballone, gehört zu den schönsten Special Shapes, die zur Zeit fahren.

Alpen, Schnee und Ballon.

Bischofsmütze. Das ist ihr Berg, der, den sie in jungen Jahren bestiegen hatte, oft zusammen mit ihrem Bruder und dann noch einmal, mit über achtzig Jahren, als das Fernsehen über sie eine Geschichte drehte. Ihr erster Ballonstart steht bevor und wir stehen am Korb. Ton hatte auf die Fahrt verzichtet und seinem Freund das Kommando überlassen. Er und Barbara sollen das erste Mal in den Bergen aufsteigen. Eine doppelte Premiere beim ersten Alpenstart von John.

Barbara ist ein wenig nervös. Noch weiß sie nicht, was auf sie zukommt. Noch ist ihr das Prinzip, warum ein Ballon fahren kann, unklar. Aber sie ist neugierig, sie will es wissen. Der erste Ballonstart ist für jeden etwas besonderes. Alle, die ehrlich sind, geben es zu, wir alle haben es erfahren. Es ist die Angst vor der Höhe, ein wenig auch vor der scheinbaren Gefahr, die Freude auf das Erlebnis und die Frage, wie kommen wir wieder auf die Erde. Wo es sein wird, kann niemand ermessen. Darin aber liegt auch der Reiz. Ballonfahrer wissen da und passionierte Ballonmitfahrer wissen es auch.

Von unten ist es ein ganz normaler Start, die großen Lampions gehen auf Höhe, verweilen eine Zeitlang über dem Platz, so als könnten sie sich noch nicht entscheiden, welche Richtung nun einzuschlagen sei. Dann aber entschließen sie sich zu einem Weg und streben den anderen nach. Unten, im Weiß des Schnees, wird es langsam ruhig, das Geräusch der Brenner entfernt sich, die Verfolgungsfahrzeuge verlassen den Platz und nur noch ab und zu quäkt das Funkgerät, Meldungen der sich langsam zerstreuenden Ballone zur Erde. Airborn, nennen das die Amerikaner. In die Luft hineingeboren, aufgestiegen in die dritte Dimension. Ein Weg zum Überblick über das Ganze, hinein in die Einsamkeit einer Ebene, in der Grenzen von physikalischen Faktoren diktiert werden.

Sie sind alle am Himmel verschwunden und der Platz ist wieder leer. Ein zertrampeltes Schneefeld am Rande von Filzmoos. Ein paar Tage lang wird es so gehen, dann haben die Bewohner des Ortes die Gemeinde wieder für sich. Dann ist wieder Skifahren und Geldverdienen das oberste Gebot, die Gemeindeverwaltung hat wieder Zeit für ordentliche Geschäfte, für den Tourismus und die Verwaltung.

Nicht etwa, daß das Völkchen der Ballonfahrer hier Ablehnung erfahren würde. Ganz im Gegenteil. Filzmoos weiß, was die Ballonfahrer für den Ort wert sind. Aber Ballonfahrer sind eigenwillig, haben besondere Wünsche und blockieren am Sonntag des Festes die Hauptstraße. Dann nämlich ist »glowing« angesagt. Des Nachts, wenn es dunkel ist, werden alle Ballone aufgestellt und wie riesige Lampions beleuchten sie den Ort. Die Leute strömen aus der ganzen Umgebung herbei und erfreuen sich des Anblickes. Anschließend geht man irgendwo wunderbar essen und fühlt sich wohl. Tausende haben sich gefreut.

Jetzt aber sind sie oben und überlassen ihren Weg dem Wind. Barbara Passrugger war dabei.

Ganz langsam hob der Ballon ab. Langsam sackte der Boden unter ihr weg. Man muß den Rand des Ballons anfassen, um zu spüren, daß er sicher ist. Über dem Kopf brüllt ab und zu der Brenner, jagt den Ballon höher und höher. Die Straße, die von den Almen hinunterführt, hinein in das kleine Städtchen, wird winzig wie eine Spielzeuglandschaft. Weiter hinten geht die Straße weiter, vorbei an den ersten Häusern. Der kleine Hügel, der weit in das Dorf hineinragt, öffnet den Blick hinein ins Seitental mit seinen Skiliften und Hotels. Auf der Anhöhe nebenan die Kirche. Weiter hinten windet sich der Weg hinein in die Bergschluchten.

Aber das Steigen hört nicht auf. Es geht weiter. Einzelne Leute sind nicht mehr zu erkennen, sie reduzieren sich auf winzige Punkte, die wie Ameisen hin- und hereilen. Und der Ballon treibt hinauf auf den Bergrücken. Die Bannwälder schweben vorbei. Sie sollen die Menschen schützen, dazwischen aber sind die Schneisen für die Skifahrer, für das Geschäft.

So lange ist es doch gar nicht her, daß die Almhütte der Passruggers im Winter von einer Lawine weggerissen wurde. Nur wenige Jahre Vergangenheit. Nun aber gleitet die Winterlandschaft unter dem Korb vorbei. Da werden die verschneiten Wege sichtbar, die sie so oft gegangen ist, als sie sich ausweinte, droben beim Berg, immer dann, wenn sie nicht weiter wußte.

Von unten hat sie die Landschaft schon oft gesehen, hier ist sie zu Hause. Jetzt aber ist es, als betrachte sie eine Spielzeuglandschaft. Einen Modellbaukasten. Aber der Ballon steigt höher und der Blick wendet sich zu einem großen Berg, ihrer Bischofsmütze. Noch steht dieser mächtige Berg weit über ihnen. Noch überragt er die Fahrt des Ballons. Die Bischofsmütze, das Wahrzeichen von Filzmoos, kommt näher, noch aber sind die Ballonfahrer tief.

Der Wind treibt sie an die Flanke. Aufwinde sind dort zu erwarten, Turbulenzen, Wirbel der Winde – Ungewißheit. Deshalb müssen sie steigen, Höhe gewinnen, über die Bischofsmütze hinwegsetzen. Die Erde sackt weg.

Für jeden Menschen gibt es eine persönliche, individuelle Höhe, bei der die Bodenhaftung verlorengeht. Dann hat der, und natürlich auch die Reisende, nichts mehr mit der Erde zu tun. Im Flugzeug, in 10 000 Metern Höhe, haben nur die wenigsten noch Schwindelgefühle. Darüber ist man dann hinaus. Man ist zu hoch. Im Ballon jedoch ist alles langsamer, und plötzlich verändert sich das Gefühl von Höhe. Man gewinnt einen Eindruck davon, was es heißt, sich in einem Medium dreidimensional zu bewegen, in das man eigentlich nicht hingehört. Auch eine Erfahrung, die das Ballonfahren vermittelt. Nur weites Beugen über den Rand des Korbes bringt den Reisenden dann wieder zu Bewußtsein, daß das Schweben im Raum nicht des Menschen Sache sein kann. Eine künstlich erzeugte Situation, basierend auf physikalischen Gesetzen.

Die Bischofsmütze kommt näher, noch ist die Gipfelhöhe nicht erreicht, der Ballon wird unruhig. Querwinde kommen herein, selbst geringe Höhenunterschiede bringen unterschiedliche Windrichtungen. Der Berg ist eigenbrötlerisch, kennt nur seine Gesetze. Aber Barbara Passrugger hat das erfahren. Zu Fuß, im langen Aufstieg zum Gipfel, ist es noch viel gefährlicher, da schlägt das Wetter blitzschnell um, da schreit es plötzlich, es wird kalt, warm, der Berg wird bedrohlich.

Im Verhältnis zum Bergsteiger ist der Ballon ein Schnelläufer. Trotzdem ist so ein Ballon langsam. Ausgeliefert der dritten Dimension, dem Wetter, den Einflüssen der Natur.

Der Berg kommt näher. Aber die moderne Ballontechnik hat die Grenzen der physikalischen Toleranzen erweitert. Die Kraft der Wärme gewinnt Oberhand über die Turbulenzen, mit denen sich der Gipfel zu schützen sucht. Das Gipfelkreuz ist deutlich zu sehen. Nur ein paar Meter der Abstand. Deutlich die verwehten Fußspuren der letzten Besucher. Die Bischofsmütze im Abstand. Die große Liebe aus ein paar Metern, aber sie fühlt sich nicht als Bezwingerin. Der Berg ist ihr Freund. Nun aber hat sie ihn aus einer anderen Perspektive erfahren. Ein neuer Eindruck. Ein kleines Stück in einem langen Leben. Baustein in einem großen Mosaik.

Barbara Passrugger hat ihre erste Fahrt erlebt. Vielleicht ist es auch ihre letzte gewesen. Bei der Landung wird sie ihren Piloten aus Dankbarkeit küssen, und der fühlte sich geehrt. Seine erste Alpenfahrt war auch die ihre. Beide werden die Reise wohl nicht vergessen. Beide haben etwas gelernt. Über die Natur, über sich, und sie werden es mitnehmen in ihr weiteres Leben.

Da gibt es Menschen, die behaupten Ballonfahren sei zu laut, erschrecke Menschen und Tiere durch den Lärm, der bisweilen entsteht. Mitgefahren sind sie wohl noch nicht. Ballonfahren ist nämlich kein technischer Prozeß, sondern eine Frage der Philosophie. Das aber ist ein weites Feld, und bisweilen muß man es einfach nur akzeptieren. Vielleicht sollte man einfach nur eine Bergbäuerin fragen, Barbara Passrugger zum Beispiel.

Die vom Himmel gefallene Tracey

Der Weg, der Tracey Robb in dieses Buch brachte, führte über ein mißglücktes Landemanöver in Bad Ischgl in Österreich, zu einer Bruchlandung irgendwo hoch oben auf einem Berg. Ursache dafür war ein Rotor, der ihren Ballon von der erhofften und angesteuerten Landestelle, einen Berg hinauf zu einem einsamen See riß.

Die Rennleitung der Internationalen Ballonwoche von Filzmoos hatte die Piloten vor winterlichen Wetterbesonderheiten gewarnt, aber nie zuvor hatte Tracey, die von einer kleinen Ranch in der Nähe von Johannesburg in Südafrika stammt, Schnee gesehen, nie zuvor war sie in den Alpen Ballon gefahren, die möglichen winterlichen Absonderheiten hat sie wohl auch falsch eingeschätzt.

Nun waren nur hohe Berggipfel um sie herum und als kleiner verheißungsvoller Landeplatz lag ein winziger Bergsee vor ihr. Tracey feuert wie wild und versucht den Fall ihres Ballons damit abzubremsen. Die Ballonhülle über ihr schwankt als sei sie auf einem stürmischen Meer unterwegs. Wieder schießt eine Flamme mit lautem Zischen in die Ballonhülle. Die ist aber inzwischen unten so eingebeult, daß die Flamme nicht durch die Mitte der Ballonöffnung schlägt, sondern den Rand des Ballonmauls versenkt. Ein großes Loch mit braunen Rändern ist jetzt dort, wo vorher teurer Stoff war. Tracey ist das im Moment ziemlich egal, sie versucht das rettende Ufer des kleinen Sees unter ihr zu erreichen.

Dann saust der Ballon durch einige Tannen, die um den zugefrorenen See herum stehen. Gewaltige Mengen von Schnee rauschen wie ein weißer Vorhang von den unter der schweren Last gebogenen Ästen.

Traceies Passagiere starren gebannt auf die Pilotin sowie ihren Ballon und klammern sich krampfhaft fest. Dann schlägt der Ballonkorb auf dem Eis des zugefrorenen Sees auf.

Unheimliche Stille umgibt das gestrandete Luftgefährt. Als sich der Schrecken bei der jungen, blonden Südafrikanerin gelegt hat, überprüft sie den Zustand ihrer Passagiere, tastet ihre Knochen ab und stellt erleichtert fest, daß alles noch am rechten Platz und weitgehend unbeschädigt ist. Als die drei aus dem Korb springen, versinken sie bis zum Hals im tiefen Schnee.

Für Tracey ist das ein völlig neues Gefühl. Schnee hatte sie bisher nur auf Bildern gesehen, Eis kannte sie nur aus dem Whiskeyglas.

»Wo sind wir, wo sind die nächsten Menschen«, fragte sie sich und ihre Passagiere. Die hatten aber auch keine Ahnung, waren nur froh nach der stürmischen Himmelsreise dem wackligen Gefährt unverletzt entkommen zu sein.

»Scheint, daß wir zu Fuß ins Tal müssen«, stellte Tracey lakonisch fest. Und schnell sollte es gehen, denn die Angst vor den kalten und fremden Schneemassen saß tief. Das Bild des gefrorenen Professors aus Roman Polanskis Film ›Tanz der Vampire‹, der vom Schlitten gehoben, erst aufgetaut werden mußte, tauchte eroherd in ihrem Gedächtnis auf.

Bei der Abfahrt war Tracey, die Südafrikanerin, noch guter Dinge. Natürlich rechnete sie noch nicht mit ihrem Mißgeschick. Damit rechnet kein Ballonfahrer.

Nach der Havarie mußte Traceys Ballon wieder zum Startplatz. Leider bedurfte es hierzu der Hilfe eines Hubschrauber und das stellte sich als teures Unterfangen heraus.

Die drei ziehen den Korb zum Rand des Sees, verpacken die Hülle in den Sack und machen sich ohne ihr Himmelsgefährt auf den Weg durch den tiefen Schnee. Der Weg ins Tal ist mühsam, immer wieder versinken die Gestrandeten im mannshohen Schnee. Stunden später erreichen sie das erste Haus und kommen in der Nacht wieder in Filzmoos an. Dort war man schon in Sorge über das mysteriöse Verschwinden der südafrikanischen Pilotin und ihrer Passagiere.

Tracey beschreibt die Stelle, an der der Ballon mit der slowenischen Zulassung liegen könnte. So ganz genau weiß sie nämlich nicht, wo sie ihn zurückgelassen hat. Man beschließt, einen Hubschrauber zur Erkundung der Landestelle und der Bergung zu organisieren. Am nächsten Morgen landete der rote Helikopter auf dem Ballonstartplatz in Heuberg in der Nähe von Filzmoos.

Wir hatten inzwischen vom Pech der Südafrikanerin gehört und natürlich wollten wir journalistische Zeugen der Bergung werden.

»Nein«, meinte Manfred Wurzer, der rührige Kurdirektor von Filzmoos, »das geht nicht. Wo der Ballon liegt, kann man nicht landen, da muß man von den Hubschrauberkufen springen!«

Für eine gute Geschichte springen wir überall runter, auch von den Kufen eines Hubschraubers, setzten wir ihm entgegen und waren kurz darauf

Dieses Brandloch in der Ballonhülle war die Ursache für die Havarie der Südafrikanerin gewesen.

mit Tracey der Berggestrandeten unterwegs zum Bergungsort.

Im Tal herrscht inzwischen dichter Nebel. Der Pilot des Hubschraubers starrt angestrengt durch die Scheibe vor ihm, das rote Luftgefährt fliegt brummend durch das dichte Weiß. Dann reißt die Nebelwand vor uns auf und wir fliegen über dem kleinen See, an dessen Rand der Ballonkorb und die eingepackte Ballonhülle deutlich zu sehen sind.

Vorsichtig setzt der Drehflügler auf dem zugefrorenen See auf, der Rotor wirbelt gewaltige Schneemengen um sich, wir brauchen nicht von der Kufe zu springen.

Dann werden erst der Korb, später der Ballonsack an ein Seil gebunden, der Hubschrauber startet und der Ballon entschwebt. Der Hubschrauber verleiht dem Luftgefährt, daß sonst nur durch die Luft fährt, Drehflügel.

Als die Bergung abgeschlossen ist, treffen wir uns an der Landestelle. Der Inhaber des Helikopter-Unternehmens ist nun auch da und er präsentiert das, was alle Inhaber von Bergungsfirmen sofort nach getaner Leistung überreichen, die Rechnung. Traceys Gesicht wird blaß, ihr Ausdruck starr. Ungläubig schaut sie auf die Rechnung.

»15 000 Schilling«, ruft sie, »ich habe keine 15 000 Schilling!« Und dann setzt sie in ihrem südafrikanischen Englisch fort: »Looks like I have to sell my body now!«

Alle lachen, nur der Helikopter-Unternehmer nicht, der will Geld sehen.

Die Südafrikanerin ist verzweifelt, wir finden, hier muß etwas geschehen, ehe vielleicht noch Schlimmes passiert.

Am nächsten Morgen, beim täglichen Briefing, erscheint Tracey in den kürzesten Shorts, die je ein schönes Bein aus Südafrika zierten. Wir erzählen von den Nöten der Bergung und den Nöten der Frau aus dem Süden Afrikas. Schließlich könne man doch eine solche moralische Gefährdung nicht zulassen!

Die Piloten blicken inzwischen mit Wohlgefallen auf die wohlgeformten Beine, mit der in Österreich für diese Jahreszeit ziemlich unüblichen, weil fehlenden Bekleidung.

Wir schlagen eine Hilfsaktion zur Rettung der Moral vor. Der Hut des Kurdirektors kreist und füllt sich immer mehr mit Scheinen.

Die Ballonpiloten der Internationalen Ballonwoche in Filzmoos zeigen Solidarität mit der winterunkundigen Tracey und die Ehre Südafrikas bleibt unbeschädigt.

80 Ballone in Château d'Oex

Auf großer Fahrt

Trotz der dicken Handschuhe gelang es Ton kaum, die Flasche mit dem Wasser aus der Tasche zu angeln. Seine Finger waren so klamm, daß er kaum die Trinkflasche halten konnte. Kein Wunder bei minus 30 Grad. Später war die Enttäuschung groß, denn aus der Flasche kam kein Tropfen Flüssigkeit, alles war gefroren.

»Wie wär's denn mit Mineralwasser am Stiel«, versuchte Bob zu scherzen?

Aber Ton konnte auch nicht mehr lachen, denn seine Gesichtsmuskeln waren wie gelähmt von der Kälte. Ton und Bob waren auf großer Fahrt von Château d'Oex nach irgendwo. Wohin die Fahrt ging war ihnen ziemlich egal, nur weit sollte es gehen, denn schließlich handelte es sich um einen Langstreckenwettbewerb mit dem Ballon.

Jedes Jahr im Januar kommt Unruhe bei den Fans des alpinen Ballonfahrens auf. Dann zieht es sie, Zugvögeln gleich, nach Château d'Oex in die Schweiz zur Internationalen Ballonwoche. Zwischen Montreux und Gstaad gelegen, ist der schöne Ort berühmt wegen seines Micro-Klimas, daß besondere Ballonfahrten innerhalb des Tales ermöglicht. In einer Höhe nach einer Himmelsrichtung und dann in einer anderen Höhe und Luftströmung genau entgegengesetzt fahren. So wurde Château d'Oex immer mehr zu einer Art Mekka der Ballonfreaks. Rund 80 Ballone kommen jedes Jahr hierher, es waren auch schon 100, aber da wurde den Schweizern die Organisation zu kompliziert. Die, die kommen, sind die Auserwählten, denn Bewerbungen, an den ersehnten Ort zu kommen, liegen von viel mehr Piloten vor.

Ein Großteil davon eilt wegen des David Niven Cups hierher. Der berühmte englische Schauspieler, Symbolfigur des eleganten Ballonfahrens, verbrachte seinen Lebensabend hier, bevor er mit einer Pfeife im Mund und der unnachahmlichen britischen Nobless in 80 Tagen um die Welt eilte. Sogar mit dem Ballon, wenn auch nur im Film.

Der englische Sir ist hier begraben. Zuvor hat er seinen Namen einem Langstreckenrennen vermacht. Dieses besteht darin, von Château d'Oex in einer Höhe von 4000 bis 5000 Meter die weitesten Fahrt durchzuführen. 1994 haben einige Piloten nach dem Wettbewerb ihre Spaghetti südlich von Mailand verspeist, nachdem sie der Wind bis nach Italien getragen hatte. Rekordinhaber ist der Schweizer Jakob Burkhard mit der beachtlichen Distanz von 375 Kilometern.

Nachts schlafen die Piloten schlecht und träumen von Höhenwinden und klarem Wetter und morgens geht dann der Blick erwartungsvoll zum Himmel, immer mit der Frage, ob's denn heute passen könnte.

So war es auch 1992. Einer der Langstreckensüchtigen Piloten war Ton Kurvers aus Maastricht in Holland. Toni Balloni nicht ohne Respekt von den anderen Piloten genannt. Ton liebt das Fahren in alpinen Verhältnissen, was wundert in Anbetracht der höchsten Erhebung Hollands, die 57 Meter beträgt.

Tagelang wartete er mit den anderen Piloten auf die Möglichkeit, mit seinem fast neuen Ballon auf die weite Reise zu gehen. Dann, an einem schönen, kalten und klaren Wintermorgen, sah alles so aus als könnte der Traum von der Superstrecke Wirklichkeit werden. Die Wettervorhersage beim morgendlichen Briefing bestätigte die positiven Aussichten. Auf dem Platz herrschte leichter Südwind, der Himmel war klar, aus 10 000 Fuß wurden 20 Knoten, in 1500 Fuß bereits 30 bis 35 Knoten Wind gemeldet. Bob und Ton machten sich für die Langstreckenfahrt bereit. Vielversprechender konnten die Aussichten kaum sein.

Ton überprüfte zusammen mit seinem Copiloten noch einmal die Ausrüstung. Der Notkit für einen eventuellen Notfall enthält unter anderem einen Schlafsack, eine Alufolie, Essen, Trinken, ein Kochgeschirr und Streichhölzer. Bei einer solchen Weitfahrt mußte man mit allem rechnen, auch mit einer eventuellen Notlandung hoch oben in den Bergen. Nicht nur dann braucht der Pilot alle Einrichtungen die der Kommunikation dienen. Da die Fahrt in Höhen vorgesehen war, in der auch die kommerziellen Flieger durch die Luft zischen, ist ein Transponder zwingend vorgeschrieben. Der strahlt ein Signal aus, daß der Luftüberwachung die Möglichkeit gibt, den Ballon zu orten und seinen Weg auf dem Radarschirm zu verfolgen. So können die anderen Benutzer des Luftraums jederzeit vor ihrem fragilen Bruder der Lüfte gewarnt werden.

Ton und Bob überprüfen sorgfältig den Sauerstoffvorrat und den Sauerstofffluß. In den angestrebten Höhen kann der Ausfall des lebensnotwendigen Gases sehr gefährlich werden. Die Anzeichen für Sauerstoffmangel sind ebenso unterschiedlich wie fließend. Die einen lachen, die anderen sind zu Tode betrübt oder ganz einfach desorientiert. In jedem Fall ist der Zustand gefährlich und wird oft unterschätzt. So gehört zur Ausrüstung jedes Piloten auch eine Sauerstoffmaske.

Ein Problem zeichnete sich bereits vor dem Start ab. In 10 000 Fuß waren –15 Grad gemeldet und in 20 000 Fuß sogar –25 Grad. Die Seidenunterwäsche dient daher weniger der Eleganz der Piloten als dem Überleben.

Der Ballon ist aufgebaut, der letzte Blick vor dem Start gilt den acht Gasflaschen, die dicht gedrängt im Korb verstaut stehen. Dann erfolgt um elf Uhr die Startfreigabe durch die Flugleitung. Wegen des großen Gewichtes hebt der Ballon nur mühsam ab und gewinnt nur langsam an Höhe. Ton heizt kräftig. In der Ballonhülle herrschen jetzt 110 Grad. Man könnte dort Eier garen.

Wie in einem langsam ablaufenden Film, zieht die tief verschneite Landschaft unter dem Ballon vorüber während er inzwischen in einer Höhe von über 22 000 Fuß schwebt. Trotz der großen Kälte erfüllt beide Piloten ein Gefühl der unermeßlichen Freiheit und Überlegenheit in der Stille. Ihr Blick reicht über 200 Kilometer weit, vor ihnen ausgebreitet liegt das gewaltige Panorama der Alpen. Plötzlich erlischt völlig unerwartet die Flamme des Brenners. Stille umgibt das fragile Luftfahrgerät.

»Zuwenig Sauerstoff«, stellt Ton lakonisch fest, während er versucht, die Flamme mit einem Streichholz wieder anzufachen.

Bob ist erschrocken und meldet seine Bedenken an.

»Kein Problem«, meint Ton und versucht ihn zu beruhigen, »zwischen uns und der Erde sind immerhin sechs Kilometer Raum, soweit können wir fallen.«

Bob ist überhaupt nicht beruhigt und sieht mit

Start zur Internationalen Ballonwoche von Château d'Oex.

Der Startplatz von Château d'Oex.

besorgtem Blick in die Tiefe. Ton läßt den Ballon »fallen«, hofft dichtere Luftschichten und damit mehr Sauerstofff zu erreichen.

Für Bob werden es bange Minuten und die wirken wie Stunden.

In etwa 16 000 Fuß geht die Flamme nach mehreren Versuchen wieder an. »So muß es gewesen sein als die Menschen das Feuer entdeckten«, meinte Ton später.

Noch immer haben beide die Sauerstoffmaske auf, die sie schon seit einer Höhe von 12 000 Fuß benutzen. Der Ballon zieht immer weiter nach Norden, die Kälte macht ihnen mehr und mehr zu schaffen. Ton versucht eine Apfelsine zu schälen, aber die ist steinhart gefroren, auch ein Apfel hat sich in eine Eisfrucht verwandelt, nachdem die Temperatur auf –35 Grad abgesunken ist.

Der Ballon ist inzwischen wieder gestiegen als erneut die Flamme des Brenners ausgeht. Wieder das gleiche Spiel, Ballon fallen lassen, Versuch die Flamme wieder zu entzünden. Auch diesmal funktioniert das erst in wesentlich tieferen Luftschichten. Die beiden sind so beschäftigt, daß kaum Zeit bleibt, die Landschaft zu bewundern. Rechts reicht der Blick weit in den Schwarzwald, links vom Ballon liegen die markanten Bergrücken der Vogesen. Auch hier reicht der Blick bis nach Frankreich.

Die Luft um den Ballon, der wieder auf über 18 000 Fuß gestiegen ist, bleibt bitterkalt und den beiden Piloten bietet sich ein besonderes Schauspiel.

Immer wenn der Brenner mit heftigem Fauchen seine heiße Luft in die Ballonhülle schickt, bilden sich kleine Kondenzwölkchen und bleiben hinter dem Ballon zurück. Während der Ballon inzwischen irgendwo zwischen Freiburg und Offenburg am Himmel hängt, beobachtet Ton nicht ohne Sorgen den Gasvorrat seiner Flaschen. Es wird langsam Zeit einen Landeplatz zu finden. Alle anderen Ballone, die anfangs noch in sichtbarer Nähe mit Tons und Bobs Ballon über den Himmel zogen, sind weit zurückgefallen.

»Der Trick«, meint Ton später, »war, die besondere Topografie zwischen dem Schwarzwald und den Vogesen zu benutzen. Sie erlaubt, wenn man niedrig genug fährt, den Venturi-Effekt auszunutzen.«

Der Venturi-Effekt ist eine Luftströmung die zwischen zwei Erhöhungen, wie eine Art Düsenwind entsteht und größere Geschwindigkeiten zuläßt.

Ton steht mit der Flugleitstellle in Verbindung und kündigt eine Landung in der Nähe von Straßburg an. Die wird ihm nicht erlaubt.

»Der gesammte Luftraum ist gesperrt«, hört er aus dem Funkgerät. Er solle sofort landen, dort wo er ist, meint die Leitstelle zusätzlich. Erst viel später hat Ton den eigentlichen Grund dafür erfahren. Eine französische Verkehrsmaschine war einen Tag zuvor beim Anflug auf Straßburg gegen einen Berg geprallt. Die Rettungsarbeiten waren noch voll im Gange.

Als der Ballonkorb die Erde berührt, ist der Gasvorrat auf acht Liter gesunken. Nach mehr als sechs Stunden und einer zurückgelegten Strecke von 215 Kilometern gehört den beiden der Tagessieg.

Es wird eine lange Rückfahrt nach Château d'Oex. Um 1.30 Uhr morgens rollt das Gespann mit den beiden Piloten und dem weitgereisten Ballon wieder am Startort ein.

Eine Hundefamilie am Himmel

Es wäre übertrieben, zu behaupten, daß Ballonfahrer besondere Menschen sind. Sie unterscheiden sich von anderen nur dadurch, daß sie sich einem fragilen Luftfahrtgerät anvertrauen, glauben, daß die heiße Flamme, die sie in die Hülle schicken, sie am Himmel hält, das Tuch, das die heiße Luft umgibt, niemals reißt, das Gas immer reicht und letztendlich auch immer eine Landestelle zu finden ist. Nein, Ballonfahrer sind nichts Besonderes, sie tun nur etwas Außergewöhnliches. Was sie, natürlich darauf angesprochen, sofort verneinen würden. Erstaunlich an ihnen ist, ihre Wesensgleichheit und das gilt, ob sie Asiaten, Europäer, rot, schwarz oder gelb sind. Was sie auszeichnet ist ihr besonderer Stolz auf eben das zarte Himmelsgebilde, dem sie sich anvertrauen. Davon unterscheidet sich auch die Familie Takahashi überhaupt nicht.

Tohru Takahashi war der erste Ballonfahrer Japans. Lange bevor Heißluftballone in Japan populär wurden. Und er ging dieser Begeisterung von Anfang an mit enormen Enthusiasmus nach. Aus Papier baute er sich, bevor er die Ballonfahrerlizens erwarb, einen etwa acht Meter großen Ballon, den er mit Heißluft füllte. Das ungewöhnliche Gefährt war zwar nicht in der Lage in die Höhe zu steigen, aber man konnte mit ihm den Fall nach unten mildern. Und so benutzte in Tohru, um damit von einem Berg zu springen.

Da staunten die anderen Japaner. Damals hatte der begeisterte Ballonfahrer keine finanziellen Mittel, um das Ballonfahren professioneller zu betreiben. Als es ihm finanziell besser ging, reiste er auf der Stelle nach England und erwarb dort die Ballonfahrerlizenz. Heute besitzt er einige Augenkliniken in Japan und zwei höchst ungewöhnliche Ballons. Wie er zu denen kam ist eine andere ungewöhnliche Geschichte.

Sie beginnt fast wie ein Märchen. Takahashis besaßen eine Hündin, die sie sehr liebten. Sie hörte auf den Namen »Arrow« und war die Freude der ganzen Familie. Die wuchs noch, als Arrow, ein Labrador, im Februar 1993 zwei zauberhafte kleine Welpen bekam.

Bevor Arrow zu den Takahashis kam, hatte sie drei Besitzer gehabt, die sie alle als Zuchtmaschine mißbraucht hatten. Menschen, die Tiere schlecht behandeln, wollten die Takahashis ein

Der japanische Ballonpionier Tohru Takahashi mit dem »fliegenden Holländer« Ton Kurvers.

Die berühmte Hundefamilie aus Japan. Dieser Special Shape ist sehr schwer zu fahren.

Zeichen geben und gestalteten einen der ungewöhnlichsten Ballone nach dem Konterfei Arrows und ihrer beiden Welpen, der inzwischen weltweit über den Himmel zieht. Sie nannten den Ballon »Beloved Arrow« und sie wollen damit Menschen auffordern, Tiere besser zu behandeln. Für ihre Tochter Aska ließen sie einen weiteren Ballon bauen, dessen Hülle ebenfalls ein Labradorhund ziert.

Wir haben die Takahashis inzwischen mehrfach auf großen Ballonfestivals getroffen. Ihre bescheidene und freundliche Art, aber auch ihre sportliche Begeisterung hat uns dabei sehr beeindruckt.

In Albuquerque zog die Hundefamilie über die Wüstenlandschaft und bei der Landung im aufkommenden Wind, hatte Tohru Takahashi größte Probleme seinen »Beloved Arrow« zu bändigen. Der Riesenhund entwickelte ausgesprochene Segeleigenschaften. In Chateau d'Oex im Januar 1995 hob der nur einmal vom Schweizer Boden ab. Das Wetter war in der Woche viel zu schlecht. Für einen Special Shape von den Ausmaßen eines »Beloved Arrows«. Das tat der Fröhlichkeit der Familie Takahashi keinen Abbruch, trotz der extrem langen Anreise.

Drinnen im Hotel Erimitage, als der Regen gegen die Scheiben peitschte, erzählte uns Tohru Takahashi von zwei ungewöhnlichen Ballonunternehmen, die in Japan ihren Anfang nahmen. Besonders hat uns die Geschichte von dem Mann gefallen, der die Idee hatte von etwa 5000 Kinderballons getragen am heiligen Berg Fuji aufzusteigen. Erstaunlicherweise hat das sogar funktioniert. Nur als die Ballonmasse immer weiter in die Höhe stieg, hatte der gute Mann eine zündende Idee gehabt, den Weg nach unten wieder anzutreten. Er schoß einfach nach und nach in die einzelnen Ballone und begann damit sanft wieder nach unten zu sinken.

Die zweite Unternehmung endete wesentlich dramatischer. Es war der Versuch, von Japan aus den Pazifik zu überqueren. Der kreative Ballonfahrer hatte dazu eine Reihe großer, mit Gas gefüllter Ballone an einem Strick übereinandergebunden. Die Menschenmenge klatschte heftig, als er mit der Ballonkettenschnur in die Höhe und davonfuhr. Als er vom Wind, nach Osten getrieben, etwa 60 Kilometer vom Ufer entfernt einem Küstenwachschiff begegnete, hatte er wohl schon Probleme. Vielleicht war ihm zu diesem Zeitpunkt bereits klar, daß das Unternehmen so nicht funktionieren konnte. Auf jeden Fall, er winkte aus der Höhe heftig zum Schiff hinunter. Die mißverstanden offensichtlich seine Zeichen um Hilfe und winkten fröhlich zurück. Dann verloren sich beide aus den Augen. Niemand hat den Mann jemals wieder gesehen.

Ballone über Mallorca: Der Wettbewerb

Es zählt nicht nur der Sieg

Die Kinder saßen auf der Schulmauer von Lloret de Vista Alegre und plötzlich kamen zwei merkwürdige Dinger vorbeigeschwebt. Einfach so, ohne Vorankündigung. Das eine Ding sah so aus wie ein riesiger silberner Lampion, das andere Ding wie ein großer, übermächtiger Tiger. Und weil sie eine verständnisvolle Lehrerin hatten, und so etwas passiert ja auch nicht alle Tage, wurde die Schule sofort verlassen, um der Sache auf den Grund zu gehen. Einer dieser Dinger, der Kopf eines großen Tigers, begann nämlich eben langsam abzusteigen, um sich danach auf den Ästen eines alten Ölbaumes niederzulassen. So schien es wenigstens. Und das Ganze passierte fast direkt vor der Haustüre.

Natürlich war es kein richtiger Tiger, denn dann hätten ja alle Angst gehabt und wären dem Ding nicht hinterhergelaufen. Das Ding war natürlich ein Ballon und das Städtchen Lloret de Vista Alegre liegt auf Mallorca. Und es ist eine wahre Geschichte.

Ob die Kinder am nächsten Tag darüber einen Aufsatz schreiben mußten, ist uns natürlich nicht bekannt, es wäre ihnen aber zu gönnen, wenn sie ein so schönes Abenteuer ausschließlich im Herzen weitertragen dürften. Schulaufsätze stören da nur die Erinnerung.

Jetzt stellt sich hier aber schon die Frage, warum wir denn mit Ballonen auf der Insel Mallorca waren. Diese Frage ist leicht zu beantworten: In jeder Sportart ist es nämlich gleich. Irgendwann wollen alle ihre Kräfte messen. Vielleicht ist das so wie im Sandkasten, das Miteinander-Spielen gehört wohl dazu. Man kann davon halten, was man will, nicht die Besten, die Erlesensten, diejenigen mit der höchsten Ausbildung gewinnen da, sondern einfach nur die, die mitmachen und auch gewinnen wollen. Wie in jeder anderen Sportart auch. Wir halten Preise bei Wettbewerben für ein Randprodukt des Ballonfahrens, es verdient ein wenig Beachtung, wie zum Beispiel Rekordversuche auch, aber zu ernst nehmen sollte man diesen Teilbereich durchaus nicht.

Man kann also ersehen, für uns ist Ballonfahren etwas anderes als eine Wettfahrt. Trotzdem: Sie sei hier kurz behandelt, denn die Übungen beinhalten einige Leistungen, die ein guter Ballonist quasi aus dem Ärmel schütteln können sollte.

Da sind einige Ballontreffen, die immer so ein Zwischending sind von Familientreffen und hartem Wettkampf. Nur wenige kommen aber mit dem Bewußtsein an, sie müßten nun unbedingt einmal gewinnen. Der Wettkampf, so wichtig, staatstragend und bedeutend er für den einen oder anderen auch sein mag, wir finden ihn langweilig. Interessant daran allerdings ist, daß alle zusammenkommen.

Es ist uns passiert, daß der eine oder andere sagte, »Was, ihr kommt vom Fernsehen? Ihr wollt Fotos und Texte machen für ein Buch? Laßt uns mitmachen.« Und schon war der Wettbewerb für diese Mannschaften uninteressant. Diese Leute mögen wir, und über diese Leute erzählen wir auch gerne Geschichten.

Da war zum Beispiel der Hund. Der mit den zwei Welpen, der in Albuquerque Schwierigkeiten hatte herunterzukommen. Oder der Pinguin von Uli Stein, dem Grafiker mit seinen lustigen Tieren. Oder den Zuckerballon aus Österreich, dessen Mannschaft uns ihre Hilfe angeboten hatten. Oder Franz aus Hamburg, mit seinem Phantom, über den aber haben wir ja schon genug erzählt. Oder Ton Curves aus Holland mit seinem Schröderballon, der uns bei den Kindern von Tschernobyl hilft. Oder Horst Wahl, aus Fulda, der mit der Weltkugel, der Kindern in aller Welt helfen will und den wir vom Taubblindenheim aus Rußland kennen. Oder, Oder, Oder. Die Liste würde sehr lang werden, von Menschen, die wir kennengelernt haben. Sie sind Ballonisten, Piloten, Aeronauten, Ballonfahrer, sicherlich, aber sie sind Typen, die man kennengelernt haben sollte. Leute, die sich für Menschen interessieren. Und deshalb sind sie uns auch wichtig.

Sicherlich gibt es da Gruppen, die wollen ihre Ballone verkaufen, Gruppen, die wollen Dienstleistung anbieten. Die aber empfinden wir als »nur« kommerziell, und deshalb lernen wir lieber andere kennen. Das Ballonfahren wird zum Vehikel einer gemeinsamen Philosophie. Wer Ballon fährt, sollte über den Dingen stehen, im wahrsten Sinne des Wortes, sollte neben seinem Hobby, seiner Profession auch Zeit haben für

Menschen, denen es schlechter geht, die Hilfe brauchen, über die man nachdenken sollte. Wir mögen halt Leute, die über den Tellerrand weg sehen können. Und über die erzählen wir Geschichten.

Die Orte sind verschieden: Amerika, Österreich und Spanien. Wo auch immer sie uns begegnen. Aber wie gesagt: Es ist immer wie ein Familientreffen, man kennt sich und immer wieder reden wir über Dinge, die uns wichtig sind. Bisweilen sogar über das Ballonfahren.

Aber bleiben wir doch erst einmal in Spanien, oder, um es genauer zu sagen, auf Mallorca. Jeder kennt sie, wenn nicht aus eigener Erfahrung, dann aus Schilderungen, und fast jeder hat über diese Insel seine eigene Meinung. Die sei ihm oder ihr belassen, denn Ballonfahren ist nicht das Einzige auf der Welt. In Cala Millor also gibt es seit ein paar Jahren einen Wettbewerb, eine kleine Ballonfiesta.

Cala Millor ist eine Bettenburg an der Ostküste der Insel, und der Wettbewerb ist wohl auch der Versuch in der Nebensaison Publikum und Publicity heranzuschaffen. Das Festival selbst ist noch jung. Die Organisatoren, selbst Ballonfahrer und von großer Begeisterung für ihren Sport und dieses Fest, hatten eine gute Idee: Das Fahren mit dem Heißluftballon über dem Meer.

In den Abendstunden kühlt sich, wie überall auf der Welt, wo die Temperaturen etwas höher liegen, das Land schneller ab als das Wasser. So gibt es in den unteren Lagen Luftströmungen, die sich vom Meer zum Land bewegen. Weiter oben herrscht an den meisten Tagen an dieser Stelle der Küste ablandiger Wind. Deshalb steigen abends die Ballone auf, gehen schnell auf Höhe um weit aufs Meer hinausgetragen zu werden. Dann klettern diese großen, leuchtenden Lampions langsam, Meter für Meter herunter, bis sie auf Winde treffen, die sie wieder zum Land zurücktreiben. Fast eine vertikale Box. Dies ist wohl das reizvolle an dem Wettbewerb. Fahren über das Meer. Der Eindruck der fast grenzenlosen Einsamkeit knapp über dem Wasser. Die Wellen unter dem Korb.

Leider aber ist die Gegend um Cala Millor für's Ballonfahren im Prinzip überhaupt nicht geeignet. Das spüren die Verfolger ganz schnell. Kaum fahren sie auf einem der kleinen Wege hinterher, stehen sie entweder vor einem Schild oder einem Zaun. Das Schild besagt dann, daß eben hier Pri-

Mallorca: Der Tiger wird aufgebaut. Nach 15 bis 20 Minuten aber steht das Gefährt.

Der Tiger gewinnt Höhe, versucht weiter ins Landesinnere zu gelangen. Unten versuchen die Verfolger Schritt zu halten. Aber Zäune und Mauern machen ihnen das Leben schwer.

vatgelände beginne und daß Besuche unerwünscht seien. Gleichgültig von wem. Die Zäune und die verschlossenen Tore sagen ähnliches.

Als wir dort gefahren sind, hatten wir beim Aufstieg nur wenig Wind. Es war früh am Morgen, Aufbau und Start waren einfach. Die Fahrt führte uns hinauf in die geschwungenen Hügel hinter der Badestadt, die Richtung: Mitte der Insel. Eine schöne Fahrt durch Olivenhaine, vorbei an kleinen Grasflächen, rotglühend mit Klatschmohn durchwoben und wenig Menschen. Kurz vor uns der Tiger aus Bremen mit Heiko und Gaby an Bord. Der 472 Meter hohe Calicant blieb rechts liegen. Hinter uns die große, gleichmäßig glitzernde Fläche des Meeres. Langsam ging die Fahrt hinein in die Hügel. Zwei große Buckel vor uns. Schon lange lag die Stadt Sant Llorenc des Cardassar hinter uns. Der Wind trieb uns auf den Sattel zwischen den Hügeln zu. Es war also damit zu rechnen, daß die Windgeschwindigkeit zwischen ihnen wachsen würde, daß der Ballon in die Landschaft dahinter fast hinausgespuckt würde. Der Düseneffekt.

Von unseren Verfolgern war weder etwas zu sehen noch zu hören. Die Wege, deutlich aus der Höhe zu sehen, endeten irgendwo an Zäunen und Mauern, führten hinein in kleine Wälder und kamen nicht wieder heraus. In der Karte waren die kleinen Wege erst gar nicht eingezeichnet. Man konnte ja ohnehin dort nicht fahren, Privatbesitz.

Knapp hinter dem Sattel der beiden Hügel gingen Gaby und Heiko runter. Auch sie hatten nur gestörten Funkkontakt zu ihrem Verfolger, konnten nur unvollständig ihre Position angeben. Von einer Straße weit und breit keine Spur.

Ton wollte weiter. Er haßt, genauso wie jede Begleitmannschaft, die elende Schlepperei über viele hundert Meter, wenn der Landeplatz fast unerreichbar scheint. Er suchte nach einer Straße. Der Wind trieb uns in einer leichten Rechtskurve in nordöstliche Richtung, in der Ferne war bereits der Berg bei Alcudia, der 451 Meter hohe Talaia D' Alcudia zu sehen. Leicht auszumachen, weil an seinem Fuß ein großes Kraftwerk steht. Seine beiden Schornsteine sind über die ganze Ebene hinweg zu sehen. Eine Straße an dieser Stelle der Insel gab es anscheinend nicht. Plötzlich aber schälte sie sich aus den Olivenhainen heraus, davor ein kleiner, von einer halbhohen Mauer umfaßter Steinacker. Dann die Straße. Dahinter eine prächtige Wiese, eingefaßt von einem hohen Zaun und Mauerwerk, dann ein Wald, ein ausgetrockneter, zerklüfteter Flußlauf, der Teulada Torrent de Son Real. Und dahinter: Wald bis in weite Ferne.

Bisweilen fing der Ballon an sich leicht zu drehen, Anzeichen für die beginnende Thermik. Also: die Zeit des Ballonfahrens war vorbei, wir mußten runter. Ton hatte sich den Steinacker ausgesucht, der Zaun dahinter war unüberwindlich, Tore waren nicht zu sehen.

Mit mittlerer Geschwindigkeit ging es abwärts, die Fahrt vielleicht zehn Kilometer in der Stunde. Knapp über einem stacheligen Busch hinweg, Grundberührung, ein paar Hopser, der Korb fiel um. Die Schleiffahrt war kurz. Wir hatten Glück, daß der Wind noch nicht aufgefrischt hatte. Ton versuchte noch den Korb dichter an die Mauer heranzubekommen, aber in der Windrichtung stand ein Baum und kein Ballonfahrer läßt seine Hülle gerne in einen Baum fallen.

Es war ein bißchen Schlepperei, das ganze Gerät an die Mauer heranzubringen. Aber wir sollten viel Zeit haben. Inzwischen hatte der Tiger Funkkontakt zu unseren Verfolgern. Seine Position war etwa fünf Kilometer weit von uns entfernt, aber er lag viel höher auf dem Berg und konnte deshalb als Relaisstation funktionieren. Was wir zu unserer Position erst einmal durchgeben konnten, waren Angaben zu der Straße neben uns. Die Auskunft des Steins am Wegesrand: PMV 2233, Kilometerstein 9. Und wir dachten noch, dies sei eine besonders präzise Angabe. Leider aber waren die Nummern der kleineren Straßen auf der Karte überhaupt nicht vermerkt. Das hatten wir nicht bedacht.

Inzwischen war unser Verfolger im Schleptau der Tigermannschaft bei Heiko und Gaby eingetrudelt, die konnten Angaben über Richtung und möglichen Abstand geben, mehr aber auch nicht.

Ton stand mit dem Funkgerät auf der hohen Mauer und versuchte Kontakt zu bekommen. Wenn der Ballon in der Luft ist, ist die Reichweite sehr groß, dann kann man sich mit allen möglichen Menschen in der Luft und am Boden unterhalten. Die theoretische Reichweite entspricht der Sichtweite. Wohin man gucken könnte, also auch bei Nebel oder Nacht, bis dahin kann man auch empfangen werden. Theoretisch. Am Boden ist das natürlich genauso, aber man kann auch nicht zu weit sehen. Damit muß man leben. Wenn noch andere Ballone in der Luft sind, dann ist das auch kein Problem, denn die kann man sehen, ansprechen und bitten Informationen an die Verfolger weiterzugeben. Jetzt aber war niemand mehr am Himmel, alle waren unten und alle Verfolger suchten ihre Ballone.

Mauern haben manchmal etwas sehr Kommunikatives an sich. Man sitzt gemütlich darauf, bisweilen kommt ein Verfolger vorbei und fragt, wo

Unten winken die Menschen. Die eine Hälfte des Erlebnisses Heißluftballon ist das Fahren, die andere das Zuschauen. Altersgrenzen gibt es nicht.

ist die Katze oder der Schröder-Ballon, oder der aus der Schweiz, oder der aus dem Ruhrgebiet. Und jedesmal kann man sagen, daß man dies auch nicht so genau wisse. Vorhin, ja vorhin fuhren sie da in diese Richtung. Abstand vielleicht acht Kilometer. Jetzt weiß man gar nichts mehr. Woher auch? Dann bittet man diese freundlichen Menschen, daß sie doch, wenn möglich, den Verfolger des SAAB-Ballons informieren möchten und verspricht alle Informationen auch an andere weiterzugeben. Danach verabschiedet man sich bis zum Abend an der Bar, um auf den nächsten Frager zu warten. Damit kann man schon einen halben Vormittag verbringen.

Auf Mallorca war das so. Die Landschaft ist schön, das Wetter ist traumhaft und die Tore sind verschlossen. Deshalb dauert es lange bis sich die Teams wieder finden und der, der eine Mauer neben einer Straße hat, hat Glück gehabt. Gegen Mittag waren dann alle von allen Teams ein bißchen müde, denn die einen hatten lange gesucht und die anderen hatten lange gewartet. Ein paar, die nicht so viel Glück hatten wie wir, mußten auch noch hart schuften und Korb und Hülle weit tragen. Man sollte sich deshalb nicht immer darauf verlassen, daß Ballone durch die Lüfte schweben, manchmal ist auch Handarbeit vonnöten.

Da wir aber hier gerade von Glück reden, wollen wir die Insel nicht ganz in Sack und Asche kleiden. Es ist nämlich so, wie im richtigen Leben, manchmal muß man die Herde verlassen und auf Entdeckungstour gehen.

Während des Schreibens an diesem Buch wurde von Freunden bemerkt, daß frühes Aufstehen anläßlich des Ballonfahrens zumindest einen der Autoren stark beeindruckt haben müsse. Zu oft, so wurde gesagt, sei dies nun bemerkt worden. Deshalb soll an dieser Stelle auf dieses Manko des Ballonfahrens nicht näher eingegangen werden. Setzen wir uns deshalb gleich ins Auto und fahren über die Insel:

Über einen kurzen Holperweg verlassen wir Cala Millor quasi durch die Hintertür. Oben in den Bergen ist die Hauptstraße noch ausgestorben, über der Insel liegt dichter Nebel. Als wir durch Manacor fahren ist natürlich noch kein Mensch auf der Straße, wir wollen aber jetzt nicht mehr verraten, warum.

Manacor ist neben der Hauptstadt Palma das zweite industrielle Zentrum der Insel. Hier werden die berühmten mallorquinischen Perlen hergestellt, hier ist das Zentrum der Töpferei und der Glasbläserkunst, deren Produkte Wohnzimmer in aller Welt schmücken. Aber es war der 1. Mai und die Arbeit für die Touristen aus aller Welt sollte an diesem Tag ruhen.

Als nächster Ort steht auf der Karte »Petra«. Dem Reiseführer hatten wir entnommen, daß hier der Gründer von »San Francisco« geboren worden war. Das wiederum fanden wir toll, denn dort hatte ja unsere Reise durch die USA begonnen. Irgendwie findet man immer eine Brücke.

Der Name Petra ist maurischen Ursprungs, denn diese hatten jene Stadt gegründet. Im Ortskern fühlt man sich auch heute noch ins Land der Mauren versetzt. Lehmfarben sind die Häuser, eng die Straßen und die Fensterläden sind fest verschlossen, als gelte es auch heute noch die Bewohner vor neugierigen Blicken zu verbergen. Am Rande der Stadt, unmittelbar dort, wo wohl einmal eine Stadtmauer stand, überragt eine gewaltige Kirche die Ortschaft.

Aber auch nach Petra wollen wir nicht. Dort konnten wir keinen vernünftigen Startplatz finden. Die Felder tragen bereits frisches Grün, die Haine der Ölbäume sind zu dicht bewachsen. Wir fahren weiter.

Nach ein paar Kilometern ein weites Tal. Auch hier eine Ortschaft, auch hier eine große Kirche, lehmfarbene, verschlossene Häuser. Und unweit der Straße ein wunderbares, erst kürzlich abgemähtes Feld, wenn auch von bescheidener Größe. Unser Startplatz.

Die Crew ist groß und geübt. Jeder weiß, was zu tun ist, jeder kann alles machen, außer natürlich Pilot zu sein. Aber dazu haben wir ja schließlich Ton. Neben seinem SAAB-Ballon, der Tiger aus Bremen. Gleichzeitig wird aufgerüstet, wird sich einander geholfen, Freunde einer großen Ballonfamilie eben. Unter guten Teams ist das ohnehin üblich, auch bei Wettbewerben, Konkurrenzdenken findet unter den Könnern auf anderen Ebenen statt.

Fast gleichzeitig gehen beide große Ballone in die Luft.

Wir sind oft gefragt worden, was das denn für ein Gefühl sei abzuheben, davonzuschweben. Man kann es nur unvollständig beschreiben, eigentlich müßte man es erleben. Aber dies ist ja ein Buch zum Lesen, nicht um darauf davonzuschweben wie auf einem fliegenden Teppich.

Der Korb muß über die Mauer. Dahinter liegt die Straße und dort wartet das Auto. Eine schweißtreibende Arbeit.

Deshalb sei der Versuch der Beschreibung gewagt.

Wir unterscheiden Neulinge, die ein wenig Angst vor der ersten Fahrt haben und solche, die es nicht mehr lassen können. Als Neuling ist man erst einmal mit sich selbst beschäftigt und stellt sich die unmöglichsten Fragen. Natürlich nicht laut, denn niemand will sich selbst bloßstellen. Aber man fragt sich: Wird denn die Hülle halten, kracht der Korb nicht durch, falle ich vielleicht über den Rand und was ist, wenn mir plötzlich schlecht wird. Dann sieht man aber empor in das große, offene Rund der Hülle, die wenige Augenblicke zuvor noch schlaff und formlos auf der Erde gelegen hatte. Plötzlich wird aus dem häßlichen Entlein ein schöner Schwan, nur bunter.

Noch stehen natürlich draußen am Korb eine Reihe Menschen, die man schätzen gelernt hat, die man mag und die alle gesagt haben: »Du mußt jetzt mitfahren!«

Noch hantiert der Ballonfahrer an seinen Gashähnen herum, bespricht mit den Begleitern die Funkfrequenz für die Kommunikation, immer wieder zischt die große Flamme hinauf wie in einen bunten Dom.

Zuerst wackelt der Korb ein wenig, als wolle er sich vom Schmutz der Erde befreien, auf der er gerade noch gestanden hatte. Jetzt schwebt der Ballon. Man müsse im Korb stehen, sagt jeder Pilot, sonst könne man seine Bewegung nicht spüren, könne nicht erleben, daß das große, vorher so leblose Ding auf einmal ein Eigenleben entwickelt. Der Ballon erwacht. Und der Traum beginnt.

Die ersten zwei Meter des Steigens erinnern noch an Aufzug, es geht ein bißchen nach oben. Nur die Aussicht ist besser. Und dann sackt die Landschaft unter einem weg, langsam und stetig. Die Beschleunigung nach oben ist nicht so groß, daß der Mitfahrer in die Knie gezwungen wird. Menschen, Bäume, Häuser, sie werden zum Spielzeug, entfernen sich, der Überblick über das Ganze wächst.

Wenn der Pilot mit der großen Flamme heizt, dann wird es ein wenig warm um den Kopf herum, aber nicht unangenehm. Dann ist es auch laut, die Hülle ist erfüllt vom Zischen der Gase. Und dann kommt das, von dem viele glauben, so ähnlich sei Schwerelosigkeit. Auftrieb und Gewicht halten sich die Waage. Wir treiben im Meer der Luft. Wie Fische im Wasser. Wie im Kindertraum, als wir noch fliegen konnten.

Es ist wunderbar still, kein Lufthauch ist zu spüren, denn wir bewegen uns so schnell wie der Wind. Wir aber scheinen zu stehen. Denn wir verbinden das Sich-Fortbewegen aus unserer Erfahrung mit Wind, mit Luft, die an uns vorbeistreicht, mit Widerstand. Hier oben gibt's das nicht. Wenn unten die Landschaft weiterrückt, dann muß sie irgendwer vorbeiziehen, denn wir stehen fest. Bäume und Tiere, die Autos und Häuser sie werfen lange Schatten. Noch steht die Sonne tief. Manchmal kann man nicht erkennen, was denn die kleinen Punkte dort unten auf der Erde überhaupt sind: Nur der Schatten verrät sie dann, das Abbild von Gestalten, flüchtig aufgemalt auf die braune Erde.

Irgendwann muß jeder einmal schreien. Ein Juchu, ein Hallo, irgendwas um sich vielleicht selbst zu beweisen, daß man überhaupt noch da ist, daß dies kein Traum ist aus Kindertagen, daß wir in der Lage sind dort zu sein, wo wir ja eigentlich überhaupt nicht hingehören. Wir haben unsere Dimension von rechts und links, von vorwärts und rückwärts verlassen. Wir erleben, entdecken, fahren in eine uns fremde Welt. Manchmal ist da auch ein wenig Beklommenheit, nicht aus Angst, nicht aus Furcht vor einem schrecklichen Unfall, vielleicht weil wir weit zurückgeführt werden in eine Welt, vor Millionen von Jahren, als die Wesen begannen zu fliegen. Ein Kribbeln im Bauch. Aber fliegen ist anders, da bewegt man sich, ist nicht ein kleines Teilchen des Windes. Da ist man aktiv, muß mit Flügeln schlagen, oder Winde nutzen. Hier schwimmt man im Meer von Luft. Hat keinen Einfluß auf die Richtung, in die es gehen soll. Ist nur noch Teil unter anderen Teilen, ist klein unter Kleinem, und steht doch über den Dingen, die man gerade verlassen hat. Vielleicht liegt darin die Faszination.

Wir hatten von Neulingen gesprochen. Die haben diese Empfindungen. Und die »alten Hasen«? Die haben die gleichen, nur die Furcht, daß der Ballonkorb durchkracht, die haben sie nicht. Sie sind mit allen Sinnen hellwach. Denn ganz ungefährlich ist dieser Sport nicht. Für das Medium Luft sind wir nicht konstruiert. Wir können nur mit Prothesen fliegen, fahren, schweben. Aufmerksamkeit ist oberstes Gebot.

Deshalb sind erfahrene Piloten nach jeder Fahrt erschöpft. Der Adrinalinspiegel steigt, Hormone überschwemmen den Körper, Vernunft und Gefühl steuern die Überlegungen, das Handeln, Reaktionen. Ton geht bisweilen nach den Fahrten Blumen pflücken, für seine Frau im Begleitfahrzeug. Franz setzte sich auf einen Stein und sieht in die Ferne. Andere legen sich auf den Rücken und starren in den Himmel, aus dem sie gerade gekommen sind. Jeder Pilot geht anders damit um. Während die anderen den Ballon zusammenräumen, sich gegenseitig das Erlebte berichten, von der Fahrt schwärmen, kommen die Frauen und Männer, die die Verantwortung für uns tragen, erst langsam wieder auf den Boden zurück. Vielleicht wehren sie sich auch innerlich dagegen, das Medium Luft, das Gefühl des freien Schwebens wieder zu verlassen. Jeder versucht das Erwachen aus dem schönen Traum noch ein wenig hinauszuzögern, ihn ausklingen zu lassen wie den Ton eines schönen Instruments. Vielleicht empfinden Musiker ähnlich. Auch sie bewegen sich in einer anderen Dimension.

Aber noch ist unsere Fahrt nicht vorbei: Dörfer gleiten unter dem Ballon durch, die Hunde kläffen und Leute rennen auf die Straße. Ballone sind hier noch eine Seltenheit. Vielleicht mußten die Kinder aus der Schule ja doch einer Aufsatz schreiben. Vielleicht hat es ihnen aber auch Spaß gemacht. Vielleicht erzählen sie sich nun Geschichten vom Schweben.

Als erster beginnt der Tiger damit, sich sanft zu drehen. Das ist noch nicht schlimm, der erfahrene Ballonfahrer allerdings weiß spätestens jetzt: Thermik kommt auf. Vorsicht ist geboten. Die Konstruktion des Tigers ist anfälliger für Thermiken als die des runden SAAB-Ballons. Das Tier hat schließlich eine Nase, hat Ohren, ist deshalb empfindlicher in der Luft. Heiko und Gaby gehen runter, eben in diesen Olivenhain. Kurze Zeit später kommen die Kinder mit ihrer Lehrerin. So etwas haben sie noch nicht gesehen. Ein ausgewachsener Tigerkopf mitten im Garten.

Als sie kommen, steht der Ballon noch. Und natürlich müssen sie alle einmal hinein in den Korb, immer wieder zischt die Flamme, immer wieder freudiges Erschrecken. Hinterher werden die beiden erzählen, daß sie Muskelkater bekommen haben vom vielen Hinein- und Hinausheben. Die Kinder von Lloret de Vista Alegre hatten einen aufregenden Tag gehabt.

Ton fährt noch ein kleines Stück weiter. Olivenhaine behagen ihm nicht, er hat Angst um seinen Ballon. Aber auch er weiß, die Zeit zum Landen ist gekommen. Es geht über den Ortsrand weiter in Richtung des Fußballplatzes. Der aber ist eingeschlossen in ein dichtes Netz aus Hochspannungs- und Telefonleitungen. Landen ist deshalb dort unmöglich. Hinter dem Ort aber beginnen weite Wälder, ein von oben undurchdringlich erscheinender grüner Dschungel. Landungen sind dort wohl unmöglich. Weit entfernt, im Grau des Morgennebels, die Berge. Der Massanella und die Ausläufer hinüber nach Formentor. Auch dort sind Landungen für Besatzung und Gerät zu gefährlich. Aber die Entfernung wäre ohnehin zu weit, zu lange würde die Fahrt dauern, die Thermik würde stärker, die Gefahr nicht mehr einschätzbar. Jetzt muß ein Landeplatz her. Egal wie.

Das Feld ist klein, es stehen ein paar Bäume darauf, rechts und links liegen Häuser, eingefriedet mit Stacheldrahtzäunen. Knapp dahinter wieder eine Telefonleitung. Die brauchbare Fläche ist vielleicht so groß wie ein Tennisplatz. Außerdem steht dort Getreide. Schon jetzt ist klar, der Bauer muß Geld für den Schaden bekommen, denn trotz aller Vorsicht der Crew, etwas Getreide wird wohl platt getrampelt werden müssen.

Der Korb rauscht knapp an einem Ölbaum

Ballonfahrertaufe: Die erste Stufe der Aufnahme in die Ballongemeinde ist die Taufe. Dabei wird man quasi Mitglied in der Gruppe der »Mitfahrer«, der Passagiere also.

Tausende schauten zu beim »glowing«, dem »Glühen« der Ballone am Strand von Cala Millor auf Mallorca.

vorbei, streift seine Äste ein wenig, bricht aber nichts ab. Ton läßt ein wenig heiße Luft aus der Hülle, öffnet kurz den Parachute. Der Ballon verliert Auftrieb, kann nun nicht mehr davoneilen, bleibt aber noch stehen. Das Gefährt ist unten.

Die Fahrt war gemächlich gewesen, keine Zäune und Mauern versperrten den Weg. Die Begleitmannschaft ist da, gerade erst hat der Korb den Boden berührt. Denn: Alle sehen es, die Zäune rechts und links des Feldes, die kleinen Häuser, der Baum, die Telefonleitung. Der Ballon muß gegen den Wind niedergelegt werden. Da ist es sehr hilfreich, daß viele Hände zupacken können.

Woher sie kamen war hinterher nicht mehr zu klären. Eine große Gruppe alter Leute stand vor der kleinen Mauer an der Straße und diskutierte, was denn nun hier geschehen sei. Ein Ballon mitten auf der Insel und dazu noch im Garten des Nachbarn. Und auch: Wie kann ein so großes Ding überhaupt »fliegen«? Wie können Menschen damit nur fahren, die Gefahr sei doch schier unermeßlich und auch, ob es denn interessant sei mitzufahren.

Von diesem Ereignis werden die Alten den Jüngeren, die ja nicht dabei sein konnten, noch nach Jahren erzählen. Ihre Enkel werden sie dabei unterstützen und von zischenden Flammen berichten und auch wie der Wind die Hülle geschüttelt hatte. Vielleicht werden mit der Zeit, in der Erinnerung die Ballone größer werden, vielleicht wird die Gefahr durch den aufkommenden Wind steigen, aber bestimmt wird immer der Eindruck eines großen Ereignisses zurückbleiben: Menschen, die mit einem Ballon vom Himmel fielen. Das passiert halt nicht alle Tage in Lloret de Vista Alegre auf Mallorca.

Aber noch immer steht der Ballon, noch immer ist der Baum gefährlich nah, die Telefondrähte, die Häuser, die Zäune. Ton gibt ein wenig Auftrieb. Noch einmal zischt die Propanflamme in die Hülle. Sechs, sieben Leute hängen nun am Korb, halten das Gefährt am Boden. Nur ein klein wenig Auftrieb muß er haben, dann schwebt er, wird mit vereinten Kräften, gegen den erwachenden Wind weggezerrt, auf die andere Seite des kleinen Ackers. Erst dann darf die Hülle zusammenfallen.

Normalerweise läßt man die Hülle gemütlich mit dem Wind umsinken. Wartet bis die heiße Luft vollends entwichen ist. Dann erst verschließt man das Ballonmaul, glättet die Bahnen, damit auch die verbliebene kalte Luft den Ballon durch den weit offenstehenden Parachute verlassen kann. Heute ist das anders. Der Ballon liegt falsch, aus Platzgründen. Wieder hängen viele Helfer an der Topleine und versuchen die Oberseite der Hülle, den Nordpol in die richtige Richtung zu fixieren. Wie ein großes Segel legt sich die Hülle in den Wind. Die Strömung der Thermik streicht durch die Öffnung des Parachute hinein und spielt mit dem Segel. So dauert es ein wenig länger, bis der große Lampion sein Eigenleben verliert und sich den Wünschen der Crew fügt.

Abrüsten ist eigentlich immer gleich. Ein bißchen Schlepperei und die Mitfahrer erzählen von ihren Erlebnissen. Diesmal aber waren da noch die alten Leute. Auf einem knatternden Motorrädchen kam noch ein weiterer hinzu, besah sich die Situation, redete mit den anderen und fuhr dann wieder knatternd davon. Wir hatten ihn gebeten den Bauern zu holen. Der sollte sich seinen Acker dann ansehen, um die Höhe des Schadens festzulegen. Währenddessen halfen die alten Männer die Einzelteile über das verschlossene Tor hinwegzuheben, halfen beim Einpacken und stellten immer wieder komplizierte Fragen nach dem »Wie« und dem »Warum« und dem »Woher«. Deutschland und Holland, das kannten sie, aus diesen Ländern kommen viele mallorquinische Gäste, aber daß die jetzt schon mit Ballonen anreisen, also dies mußte doch gewürdigt werden.

Ein Teil der Gruppe war schon weggefahren, zurück nach Lloret de Vista Alegre. Da kam der Bauer. Ein alter Mann mit Händen, die die harte Arbeit erkennen ließen, hier dem Boden Früchte abzuringen. Zuerst ließ er sich von einem anderen alten Mann das Ereignis schildern und konnte es nicht glauben. Ein Heißluftballon auf seinem Acker. Das hatte es ja noch nie gegeben. Schade sei es nur, daß er nicht dabeigewesen sei, meinte er. Das hätte er doch auch gerne gesehen. Aber der andere schilderte ihm den Vorfall mit weit ausladenden Handbewegungen und übergab ihm dann auch, schon fast feierlich, damit es auch alle sehen konnten, das Geld, das wir als Entschädigung bei ihm gelassen hatten. Danach ein kurzer Blick des Bauern auf sein Getreide und die Antwort, er wolle kein Geld, denn er könne keinen Schaden erkennen. Wir haben das Geld trotzdem da gelassen, denn schließlich wußten wir, daß sich nicht überall das Getreide wieder erholen würde.

Wir hatten uns kurz vor der Landung verabredet. Die Crew des Tigers und die des SAAB-Ballons wollten sich in der Wirtschaft am Marktplatz von Lloret de Vista Alegre treffen. Die vom Tiger kamen ein wenig später, denn sie hatten am Landeplatz noch eine wichtige Aufgabe zu erfüllen: eine Taufe.

Für jeden, der zum ersten Mal mit einem Ballon fährt, ist dies ein großes Ereignis. Das muß natürlich auch entsprechend gewürdigt werden. Und dazu gibt es die Taufe. Der Kapitän nimmt sie vor und sie ist schon so etwas wie ein halbamtliches Ereignis. Die Prozedur ist in Ballonfahrerkreisen genau vorgeschrieben und muß auch mit dem gebotenen Ernst vorgenommen werden, was am Ende natürlich bedeutet, daß es sehr lustig zugeht. Ballonfahren ist schließlich eine Sache die Spaß machen soll.

Der Aspirant muß sich auf den Boden knien und der Pilot, schließlich hat der Heißluftballon viel mit Feuer zu tun, brutzelt ihm mit Feuerzeug oder Streichholz eine kleine Strähne des Haupthaares an. Dann muß natürlich ausgiebig mit Champagner gelöscht werden, denn niemand soll sich ja ernsthaft verletzten. Was man bei Kahlköpfigen macht, ist uns bisher leider verborgen geblieben. Aber wir sind uns sicher, daß Ballonfahrer bei solcher Komplikation mit einer wohl mehr »symbolischen« Handlung einen Weg finden, der Tradition Genüge zu tun.

Inzwischen waren wir in die Wirtschaft eingefallen. So muß es zumindest den drei Gästen vorgekommen sein. Die morgendliche Ruhe war dahin. 15 Kaffee mußten zubereitet werden, die Eistheke fand großen Anklang und alle redeten laut miteinander. Die Wirtin sah dies allerdings sehr gelassen, dirigierte von ihrem Platz hinter der Theke das Geschehen und alle waren glücklich.

Später kamen dann noch die Leute vom Tiger-Ballon und der ganze Zirkus ging wieder von vorne los, denn schließlich galt es nun das Erfahrene auch auszutauschen. Wie war das mit der Thermik und den Bodenströmungen, dem Düseneffekt dort hinten zwischen den Bergen und der Verkehrsflughafen von Palma war ja auch weit genug entfernt. Niemand war gestört worden und der Ort hatte ein Gesprächsthema.

So endete für uns der Wettbewerb auf Mallorca. Natürlich hat Ton nicht den ersten Preis gewonnen, aber deshalb war er ja auch nicht gekommen. So im Nachhinein betrachtet kommen uns nun die vier Tage vor wie ein ganzer Monat. Viel war zu erleben und lange noch werden wir von den Erinnerungen zehren. Schon jetzt freuen wir uns auf das nächste Treffen und schon jetzt wissen wir, daß wir dort, wo immer es auf der Welt auch sein mag, Menschen treffen werden, bei denen es sich gelohnt haben wird, sie kennen zu lernen.

Und es würde uns im nachhinein doch interessieren, ob die Kinder nun einen Aufsatz schreiben mußten.

Das 1. Internationale Ballonfestival in der Rhön

Wer wagt, gewinnt

Zuerst hatten es die Leute vom Radio gemerkt. Von großen Verkehrsstörungen in der Rhön war da die Rede. Der Sprecher schien sehr verwirrt zu sein. Man habe auch schon mit der Polizei telefoniert und niemand wisse so recht, was die vielen Menschen alle dort wollten. Die Straßen seien völlig überlastet, stehender Verkehr, der Kollaps.

Der Motor der elektrischen Jalousie schnurrte leise, langsam hoben sich die Lamellen in die Höhe, ließen das Tageslicht hereinfallen und gaben den Blick nach draußen frei.

Staunend blickte Hardy auf den kilometerlangen Verkehrsstau, der sich aus Richtung Gersfeld, in Richtung Bischofsheim in der Rhön gebildet hatte. Hardy ist unser Freund und deshalb Kummer gewohnt. Er ist immer da, wenn's schwierig wird und oft genug Leidtragender unserer Ideen. Es war ein Samstag im September und es war der zweite Tag, des 1. Internationalen Rhöner Ballonfestivals.

Dies war eigentlich mehr durch Zufall entstanden, denn Hardy, Ton und Frank hatten eine Idee gehabt. Damals lag draußen der Schnee und die Rhön zeigte sich von ihrer friedlichen Seite. Wenig Touristen, freie Straßen und die Wintersonne betrachtete sich wohlwollend die schöne Landschaft. »Irgendwie müßte man mal so richtig viele Menschen in diesen schönen Ort, am Fuße des Kreuzbergs locken«, hatte Frank gemeint. Die drei hatten bei Hilde und Franz in der Kreuzbergschanze gegessen und einige der gewaltigen Thüringer Klöße vertilgt.

Bischofsheim hatte viele Jahre im Schatten der politischen Gegebenheiten bestehen müssen. Die Grenze zur DDR war nicht weit gewesen und Notstandsgebiet war man auch. Jetzt hatten im Zeichen des aufkeimenden Friedens auch noch einige Tausend Amerikaner, die in Wildflecken stationiert waren, ihre Koffer gepackt und nun war es ein wenig leer geworden in der Gegend.

Die Stadtoberen waren ebenfalls schnell von der Idee überzeugt, allen voran der Bürgermeister Peter Lommel und die Trumms vom Luisenhof, die hatten schnell erkannt, welche Chance hier für den Ort sich abzeichnete.

Frank hatte einige Artikel für die umliegenden Zeitungen geschrieben, sie bis nach Nürnberg und Würzburg gestreut und die waren intensiv gedruckt worden. Das Ergebnis: kilometerlange Autoschlangen.

Am nächsten Tag würden die Zeitungen schreiben, daß das Ballonfestival ein Verkehrschaos ausgelöst hätte. Und auch die Polizei sollte dann wissen, warum sie an diesem Tag einen so schweren Dienst hatte. Fast 30 000 Menschen hatten sich auf den Weg gemacht. Daran hatte während des Knödelessens natürlich niemand gedacht. Aber so ist das oft im Leben, an Naheliegendes denkt man zuletzt.

So stellt man sich selbst ein Bein. Denn wir hatten natürlich vorgehabt, nach dem Frühstück gemütlich mit dem Auto zum Startplatz zu fahren, um mit der heutigen Organisation zu beginnen. Daraus wurde aber nun leider nichts, denn das Chaos reichte bis zum Platz, auch die Feldwege waren verstopft, denn die Wagen, die oben keinen Parkplatz mehr finden konnten, wollten nun zurück und wiederum andere wollten oben ein Plätzchen finden. So blockierte jeder jeden und es ging weder vorwärts noch rückwärts. Der Marsch zu Fuß war zwar anstrengend, aber insgeheim freuten wir uns doch darüber, daß so viele Menschen mit Ballonen hinter dem heimischen Ofen hervorzulocken waren. Das Spiel der großen, fragilen Lampions übte also nicht nur auf uns eine so große Faszination aus. Dies zu wissen ist hilfreich. Schließlich kamen wir auch an und waren verblüfft, daß alle gekommen waren. Das aber war wiederum ein Denkfehler, denn es sollten noch viel, viel mehr Leute kommen.

Tausende hatten sich inzwischen um den Startplatz versammelt, freuten sich an dem Schauspiel der bunten Ballone, denen die lärmenden Ventilatoren Leben einbliesen. Dann hoben die ersten Himmelsgefährte von der grünen Wiese ab und die Zuschauer klatschten. Dies ist fast immer so, als würden die Betrachter nicht so richtig glauben wollen, daß die aufgeblasenen Dinger sich wirklich von der Erde befreien und davonschweben.

Langsam ging die Fahrt über das schöne Tal von Bischofsheim, immer mehr der bunten Kugeln versammelten sich am Himmel. Ein großer Katzenkopf und ein Schwein namens Piggy war auch dabei. Bischofsheim hatte Schwein, zumin-

Unterwegs im tiefblauen Himmel. Die Richtung bestimmt der Wind.

dest am Himmel und irgendwie war alles überhaupt nicht für die Katz. Immer mehr Menschen bevölkerten den Platz, frohe Klänge kamen aus dem Festzelt und wir staunten noch immer. Wo kamen nur all die Menschen her? Und alle blieben, bis am Abend die Ballone von innen leuchteten. Beim Ballonglühen kam die Stimmung so richtig auf den Höhepunkt. Was wird wohl morgen noch auf uns zukommen, fragten sich die überraschten Veranstalter. Denn eigentlich waren wir ja, zumindest würden die Amerikaner es so nennen, »by accident« an dieses Ballonfest gekommen. Konnte es überhaupt noch besser werden?

Nein! Denn am nächsten Tag waren die Wettergötter gegen uns.

Die Rhön ist schön, aber auch rauh. Dafür ist sie bekannt. Und der nächste Tag war der Beweis dafür. Dunkle Wolken jagten über den Himmel, der Wind blies mit mindesten sechs Windstärken, das Herz eines Seglers hätte gelacht.

Die Ballonfahrer stimmte das weniger fröhlich. Denn der Tag war in den Zeitungen und anderen Medien groß angekündigt worden. Weltmeister Eberhard Gienger, Könner am Reck und begeisterter Fallschirmspringer hatte einen Sprung aus dem Ballon, unter dem er zuerst in schwindelnder Höhe noch am Reck turnen wollte, versprochen Aber daran war nun nicht mehr zu denken. Für ein Fernsehteam wurde der Versuch gemacht einen Ballon aufzurüsten. Den hielten zum Schluß 15 Männer und doch flog er fast davon. Die Menschen reisten zwar wieder zu Tausenden an, aber eilten wegen des beginnden heftigen Regens alle in das Festzelt. Sie wurden trotzdem nicht enttäuscht, denn Eberhard Gienger ist ein wahrer Sportsmann. Einer von der Sorte, die ein horizontaler Regen und ein Wind mit Sturmstärke nicht aus dem Gleichgewicht bringen kann. Der Turner mit den Supererfolgen reist mit Klappreck und das baute er auf, mitten im Zelt und die Leute hatten ihre Freude.

Das mußte natürlich noch unterstützt werden. Und so redete sich Frank, als Rundfunkmann ist ihm das allerdings nicht allzu schwer gefallen, den Mund fusselig, um den vielen Menschen zumindest verbal die Schönheiten des Ballonfahrens nahezubringen. Da gab es dann auch noch Bilder und einen kleinen Film zu sehen und alle haben sich darüber gefreut, wie schön das Reisen mit dem Ballon denn sein könnte, wenn, ja wenn das Wetter mitspielen würde. Dafür aber gibt es immer »ein nächstes Mal«.

Bischofsheim hatte eine Erfahrung mehr, wie man Besucher zusätzlich anlocken kann und wird auch in den kommenden Jahren ein Internationales Ballonfestival veranstalten. Hardy, Frank und Ton waren um eine überraschende Erfahrung reicher und vielleicht heißt der schöne Ort mit dem Kreuzberg und dem gleichnamigen Bier, das die Mönche des Klosters brauen, eines Tages nicht mehr Bischofs- sondern Ballonheim.

Ballonfahren ist anders

Special Shapes:
Fremde Wesen am Himmel

Im Zeitalter der Kommunikationsgesellschaft ist es schon fast normal, wenn der Nachbar im Bus auf einmal anfängt zu telefonieren. Er greift zum Handy und irgendwer meldet sich am anderen Ende der »Leitung«. Die Begegnung mit diesen Geräten ist zwar bisweilen lästig, zählt aber inzwischen zur Normalität. Anders ist das natürlich, wenn so ein Ding durc h den Himmel geschwebt daherkommt. So als hätte ein Riese sein Handy verloren und dies schwebte dann einfach davon. Heutzutage kennen allerdings nur wenige Menschen Riesen und von denen werden natürlich noch weniger mit ihren Handys herumrennen. Diese Erklärung wird also weniger zutreffen. Deshalb wollen wir hier einen anderen Lösungsvorschlag unterbreiten: Wir behaupten – wie könnte es auch anders sein – es ist ein Ballon. Damit wären wir bei einer Sparte angelangt, die sich auf Festen großer Beliebtheit erfreut, den Fahrern allerdings hohes Können abverlangt, den »Special Shapes«, frei übersetzt, den »Besonderen Formen«.

Da tauchen die verrücktesten Ballonfiguren auf. Hunde und Katzen, Kühe, Schlösser und Motorräder. Sie unterscheiden sich von den sogenannten »normalen« Ballonen nicht allein durch ihre Form, sondern natürlich auch im Preis. Kostet eine normale Hülle so zwischen 60 000 bis 80 000 Mark, sind bei diesen Formen die Preise nach oben offen. Deshalb sind die meisten auch gesponsort, eine Firma hat also Geld zum Kauf dazugegeben, um für ihre Idee oder ihr Produkt zu werben.

Bei Bierdosen, Champagnerflaschen und Motorrädern fällt es leicht den Werbezweck zu erkennen, was aber macht diese Eistüte da am Himmel. Somit lernt der staunende Besucher: Es gibt auch Special Shapes ohne Sponsoring, einfach nur so, weil es Spaß macht. Natürlich drängt sich dann im Gespräch mit dem Fahrer die Frage auf, ob er denn vielleicht als Kind immer ein Eis wollte, der Vater aber nur eine Wurstfabrik sein eigen nannte. Ein frühkindliches Erlebnis quasi.

Da ist dann noch ein anderes extremes Beispiel aus Japan. Eine Hundefamilie als Ballon. Die Ausführungen über den Grund diesen Ballon zu bauen, wollen wir uns hier verkneifen, sie wurden drei Kapitel zuvor erläutert. Dieser Ballon allerdings führt uns einen Schritt weiter, nämlich zur Handhabbarkeit, zur gehobenen Kunst des Ballonfahrens. Die fängt bei diesem Ballontypus bereits bei der Konstruktion an. Denn im Grunde genommen muß es eine durchgängige Hülle geben, die die eigentliche Tragfunktionen übernimmt. Der Ballon einer Fluglinie, der einen Jumbo-Jet darstellt, orientiert sich in seiner Grundform immer noch am Tropfen. Seitlich jedoch ragen die Spitze des Flugzeuges und das Heck heraus, der Jumbo bohrt sich also durch einen normalen Ballon. Auch der Tiger aus Norddeutschland hat immer noch die Grundform der Kugel, Ohren, Nase und Augen bilden Beulen und Ausbuchtungen, die den Kopf des Tieres deutlich zeigen. Die Grundform des Ballons allerdings ist noch erkennbar. Bei der Eistüte, dem Pinguin und natürlich der Hundefamilie ist die normale Grundform aber nur noch mit viel Phantasie zu erkennen. Konstruktion, Bau und Fahrpraxis erfordern allerdings besondere Kenntnisse. Nur die Großen unter den Anbietern und Fahrern können so etwas hervorbringen.

Die Schwierigkeiten fangen bereits beim Auspacken an. Da gilt es diese vielen Ausbuchtungen, Nebenarme und Luftsäcke so auf dem Startplatz auszubreiten, daß die Hülle nicht schon beim Start beschädigt wird. Das erfordert einen umsichtigen Piloten und eine gut ausgebildete, motivierte Crew. Solche Ballone werden in aller Regel auch nicht von einer Sparbesatzung aufgestellt, hier werden mehr aufmerksame Helfer gebraucht.

Es gilt bereits in der kalten Phase des Anblasens auf die besondere Form dieser Hüllen Rücksicht zu nehmen. Das dauert länger, es macht mehr Arbeit, aber es erfreut alle Zuschauer. Auch wenn diese Ballone empfindlicher reagieren als kugel- oder tropfenförmige. Hat dann die Crew dieses komplizierte Ding am Startplatz hingestellt, dann ist ihr bereits bewußt, daß auch das Einpacken große Sorgfalt erfordert. Schließlich müssen, Schnäbel, Nasen, Schwänze und was sonst alles noch daran hängt vorsichtig aus der Umgebung herausgeholt und verpackt werden. Aber das ist bei diesen Crews inzwischen Routine.

Heben dann Korb und Hülle ab, sieht auch der uneingeweihte Zuschauer, wie schwer diese Hüllen zu fahren sind. Sie sind wesentlich empfindlicher gegenüber Winden und Luftströmungen als dies bei tropfenförmigen Ballonen der Fall ist. Auch treten bei schnellen Auf- und Abstiegen Probleme auf. In den verwinkelten Armen und Schläuchen erkaltet die Luft schneller als in der Idealform Kugel. Die Oberflächen sind größer, in die verzwickten Ecken kommt die heiße Luft nur schwer. Deshalb gehören riskante Manöver mit diesen Ballonen zur Ausnahme. Aber niemand erwartet von Special Shapes Kunstfahrten. Sie haben schön zu sein, sie sollen Aufmerksamkeit erregen, dies ist ihr Zweck.

Auch bei der Landung ist der Pilot gefordert. Bei unseren Fahrten auf Mallorca, bei denen uns der Tiger begleitete, reagierte dieses Gefährt weit früher auf einsetzende Thermik. Der Tiger begann sich um die Vertikalachse zu drehen, lange bevor der runde SAAB-Ballon ansprach. Das lag an den Ohren und der Nase, die wie Segel weit aus der Kugelform herausragen und auf jeden Lufthauch reagieren. Erfahrene Ballonfahrer steigen deshalb mit ihren Special Shapes auch nur dann auf, wenn ideale Ballonbedingungen gegeben sind. Ist das Wetter weniger gut, oder besteht die Gefahr eines plötzliches Wettersturzes, dann stellen sie ihre Gefährte lediglich am Startplatz auf, gehen vielleicht am Seil wenige Meter hoch, riskieren aber nicht den wertvollen Ballon. Den Zuschauern ist das sehr recht, nur so können sie nämlich die vielen kleinen Einzelheiten in der Gestaltung

Special Shape: Mickey Mouse is watching you.

Ballon fahren ist, wenn selbst Eisbären in die Luft gehen.

der Hülle bewundern. Wenn das Gefährt erst einmal 1000 Meter Höhe hat, dann wirkt nur noch die große, außergewöhnliche Form. Diese Ballone sind auf viele Kilometer leicht zu identifizieren, denn die Formen wiederholen sich nicht. Kommt aber ein solches Gefährt bei scharfem Wind und womöglich ungünstigem Landegelände herunter, dann hat der Pilot schnell ein Problem.

So zum Beispiel die japanische Hundefamilie in Albuquerque. Wir waren gerade bei flottem Wind mit dem Phantom im Vorfeld einer großen Sandgrube heruntergekommen. Das Gelände war flach, aber rund 300 Meter weiter fiel der Hang steil ab zum ausgebaggerten Teil der Grube. Franz hing an der roten Leine, sah zu, möglichst schnell nach dem Aufsetzen die warme Luft aus der Hülle herauszubekommen und von Verfolgern war weit und breit nichts zu sehen. Insgesamt waren wir zu dritt im Korb, von einer großen Bergungsmannschaft des Phantoms konnte also nicht die Rede sein.

Da kam die Hundefamilie angefegt. Bereits weit von uns entfernt setzte der Korb auf, die Hunde neigten sich zur Seite, stehenbleiben wollten sie allerdings nicht. Der Korb wurde durch Büsche und kleine Glasbüschel geschleift, die Besatzung wurde durcheinander geschüttelt, aber die heiße Luft wollte nicht aus der Hülle entweichen. Eine willkommene Angriffsfläche für den Wind.

Unser Phantom ruhte inzwischen, wild schlagend aber leidlich unten, auf dem Sandplatz. Die Hundefamilie näherte sich fast waagerecht in wilder Fahrt und die Besatzung konnte nur warten und hoffen. Mit Sicherheit hatten sie die Sandgrube gesehen, wußten von der Gefahr, konnten aber nichts dagegen tun. Ein erneutes Aufsteigen war unmöglich, dafür lag das Gefährt bereits zu flach, erneutes Anwerfen des Brenners hätte lediglich die Hülle verbrannt und nur für noch schnellere Fahrt gesorgt.

»Helft ihnen!« Bisweilen sind Kommandos von

Franz eher karg. Diesmal aber hatte er völlig recht. Der japanische Ballon war in ernster Gefahr. So stürzten wir quer über das Sandfeld, erreichten keuchend und stolpernd die Bahn des dahereilenden Gefährts.

Wer sich einbildet mit zwei Mann so ein großes Gerät halten zu können, der irrt gewaltig. Unsere Hilfe in dieser Phase der Landung war denn wohl auch mehr psychologischer Natur, die Insassen fühlten sich nicht mehr so alleine. Aber jeder Schrecken hat einmal ein Ende, schließlich kam das Ding zum Stehen. Jetzt war unsere Hilfe tatsächlich sinnvoll, denn es dauert lange bis die heiße Luft aus den verwinkelten Gängen entwichen ist. Da ist es sinnvoll, Helfer zu haben.

Als die Hülle dann endlich ihren Auftrieb verloren hatte, als dem Wind nur noch wenig Spielfläche geboten wurde, kamen dann schließlich auch die Verfolger. Zwar war die Hundefamilie noch nicht in die Gefahr des Sturzes in die Sandgrube gekommen, das Erlebnis hatte aber wieder einmal gezeigt, wie schwer diese Hüllen in Wahrheit zu fahren sind.

Mit diesen komplizierten Ballonen werden wohl nur in Ausnahmefällen Wettbewerbe gefahren, aber dazu wurden sie auch nicht gebaut. Sie sollen uns erfreuen, vielleicht dem Besitzer einen heimlichen Wunsch erfüllen, auf jeden Fall aber eines fördern: die Begeisterung über die Traumwelt der Ballone.

Wie entstehen Ballone?

Da soll es doch Leute geben, die behaupten, Ballone entstünden in Fabriken, würden dort zusammengenäht nach Plänen aus dem Computer. Und dann sagen sie noch, dies sei allein ein technischer Vorgang, realisiert von Näherinnen und Technikern, von Ingenieuren und Designern. Also etwas völlig Normales, und von Romantik oder Vorstellungskraft wird nicht geredet. Das kann's dann nun wirklich nicht gewesen sein. Denn das Fahren mit Ballonen hat viel mit menschlichem Willen, mit Träumen und Imaginationen zu tun. Natürlich kann der Ballon nicht etwas Profanes sein, ein Ding nur, ein Gerät, eine Maschine. Schließlich entwickelt sie doch ein Eigenleben, einen eigenen Willen, etwas, das nicht beeinflußbar ist. Ein Tier kann es auch nicht sein, Bellen oder Miauen wäre uns aufgefallen. Aber beseelt ist er irgendwie doch.

Vielleicht ist ein Ballon so etwas ähnliches wie ein Pferd. Man legt zwar keinen Sattel drauf, sondern man hängt einen Korb unten dran. Das wäre dann das Werkzeug, um es zu »reiten«, oder wie immer man das nennen will, und das ist schwieriger zu handhaben als das Pferd. Denn Ballone sind eigenwillig und weisen, das ist an Hand der vielen Fotos zu besichtigen, die unterschiedlichsten Formen auf.

Erinnern wir uns doch einfach mal an Mark Twain. Das ist, sollte der Leser dies doch tatsächlich vergessen haben, der Mann aus Bodie, der später ein berühmter Schriftsteller werden sollte. In Bodie wußte er dies natürlich noch nicht. Springen wir also wenige Jahre weiter, in die Zeit nämlich, als er berühmt war, und schon haben wir eine schöne Theorie. Twain läßt seine Helden Huck Finn und Jim den Gedanken entwickeln, Sterne legten Eier und vermehrten sich so. Nun sind Sterne natürlich viel größer als Ballone und deshalb ist die Herleitung dieser Theorie auch viel schwieriger, als anzunehmen, diese kleinen Ballone pflanzten sich durch Eier fort. Aber Twain hat an dieser Überlegung schließlich auch länger gearbeitet. Trotzdem schien uns die Sternenvermehrungstheorie von Huck Finn und Jim als Ausgangsüberlegung für unsere Betrachtung über die Ballonvermehrung hilfreich. Deshalb gingen wir den Spuren nach. Selbstverständlich benötigten wir geraume Zeit Beweise zu finden, Anzeichen zumindest, oder wenigstens Indizien. Als moderne, kritische Journalisten sind wir uns das schuldig.

Endlich, nach vielen Mühen haben wir sie dann doch noch gefunden. Die Beweise. In unserem Fotomaterial. Die haben wir hier veröffentlicht, denn ohne unsere Beweise wird man lediglich der alten, schnöden Erklärung anhängen: Ballone enstünden in Fabriken.

Ein jeder, der sich einmal auf einem Festival befunden hat, konnte es schon beobachten. Die Entstehung von Ballonen geht ganz anders:

Der Ehrlichkeit halber sei an dieser Stelle erwähnt, daß der Unterschied von weiblichen und männlichen Ballonen bisher noch nicht bekannt ist. Das mag an der kurzen Dauer ihrer Existenz liegen, oder auch daran, daß bisher von völlig falschen Voraussetzungen ausgegangen wurde. Deshalb blieb das Problem bis heute unerkannt. Die Wissenschaft hat diese Angelegenheit bisher völlig ignoriert.

Immer werden angeblich technische Gründe vorgeschoben. Da wird von komplizierten Nähten gesprochen, von eingelegten Bändern, von Steuerseilen, aber das ist natürlich kein technischer Vorgang, sondern ein Prozeß der Evolution. Einer – zugegebenermaßen – sehr schnellen Evolution. Aber warum sollte irgendwas nicht auch mal schnell gehen, denn mit Ballonen beschäftigen sich Behörden und Ämter erst seit kurzem. Das mag als vorläufige Erklärung erst einmal ausreichen.

Da steht diese Twainsche Theorie jetzt also im Raum. Greifen wir deshalb zu den Fotos:

Jeder der einmal auf einem Festival war, auf dem schließlich mehr als ein Ballon ist, hat dort viele kleine Ballone gesehen. Die Voraussetzung zur wundersamen Ballonvermehrung könnte an solchen Orten zumindest theoretisch gegeben sein. Die kleinen, noch nicht ausgewachsenen Ballone am Himmel unterstützen die Beweisführung. Am Horizont sind sie zu sehen, klein wie winzige Eier, sofort flugfähig, denn sie schweben in der Luft.

Leider wurde bisher das Ballonpaarungsritual bis heute nur unvollständig beobachtet. Aber selbstverständlich können wir auch in diesem Punkt ein wenig Licht ins Dunkel bringen. Wir haben zum Beispiel in Albuquerque beobachten können, mit welcher Freude sich Ballonhüllen aneinander reiben. Diesen domestizierten Ballonen muß wohl lediglich die Gelegenheit gegeben werden, durch intimen, also engen Kontakt miteinander in Kommunikation treten zu können. Mit großer Wahrscheinlichkeit finden hierbei entscheidende, bisher noch unbekannte Dinge statt. Später, wenn die Ballone domestiziert sein werden, hängt man ihnen den Begriff des »Fahrens« an, denn dann sind sie mit ihrer Last schwerer als Luft. Dann muß natürlich ein anderer Begriff her.

Bisher gelten leider nur Theorien. Die Eiertheorie zum Beispiel. Anläßlich eines Ballonfestes entsteht also so ein Ballonei, und das entwickelt sich weiter fort und läßt sich, möglicherweise ist dies genetisch veranlagt, einfangen, domestizieren. Danach dient es Menschen als Heißluftballon mit einem Korb dran. Für diese Theorie spricht, daß bisher noch nie eine frei schwebende Hülle beobachtet wurde. Dies aber bedeutet: Ballone suchen die Menschen, um ihnen Freude zu bereiten. Eine völlig neue Erkenntnis. Warum die Entwicklung so verläuft, ist natürlich noch unbekannt, schließlich widerspricht sie menschlichem Verhalten, und bis wir solches begriffen haben, vergeht eine lange Zeit.

Das Verhalten des jungen Ballons bleibt also vorläufig im Dunkeln der Weltentwicklung, hier ist die Forschung gefordert. Aber es gibt schließlich noch andere Ballonvermehrungstheorien.

Greifen wir also wieder in unsere Fotosammlung über Ballone. Die zweite Möglichkeit: Ballone wachsen an Bäumen. Sie vermehren sich durch Samenflug. Leider haben wir für diese Theorie nur ein einziges Beweisfoto. In Chateu d'Oex allerdings ist uns eine bedeutende Aufnahme gelungen: Die Bäume neben dem Startplatz hatten an den Ästen winzig kleine leuchtende Ballonhüllen. Wie sie sich allerdings weiterentwickeln ist bislang noch unklar. Als sicher gilt jedoch, daß in jedem Jahr mehr Ballone in die-

Das meinen die meisten: Ballone entstehen in Fabriken,...

...gefertigt und zusammengenäht nach Computerplänen,...

...montiert von Technikern.

sem Ort zum Festival auftreten. Die müssen schließlich ja irgendwo herkommen.

Vor einer wissenschaftlichen Erforschung dieses Phänomens wollen wir hier gar nicht lange weiter reden, denn dazu haben Ballonfahrer anscheinend keinen Zugang. Die bestellen schlicht irgendwo, und es ist ihnen danach völlig gleichgültig, ob Ballone technisch, fabrikmäßig also, entstehen oder irgendwo eingefangen werden. Da auch zur Zeit noch nicht über den Artenschutz von Ballonen nachgedacht zu werden braucht, sie vermehren sich eben einfach so, gibt es auch keine Ballonartenschutzlobby. Eher ist das Gegenteil zu beobachten. Es soll Leute geben, die von einer Ballonplage reden, aber die haben von der neuen Spezies anscheinend keine Ahnung.

Und dann haben wir natürlich noch eine dritte Theorie. Die nämlich, daß Ballone aus dem Wasser kommen. Auch diese Theorie birgt Argumente, die stichhaltig erscheinen. Nämlich die Frage: Warum nähern sich Ballone dem Wasser, wo immer es ihnen möglich ist. Ist es ein alter, genetisch festgelegter Trieb? Dient dies vielleicht der Eiablage?

In einem von uns gewonnenem Foto sehen wir stäbchenförmige Gebilde in einem Teich. Aufgenommen von einem Ballon. Vorgelegt in diesem Buch. Was also könnte die Lösung des unerklärten Phänomens sein?

Wir wollen nicht behaupten, wir hätten die Lösung in Händen. Wir forschen an dieser Frage noch herum. Hier fühlen wir uns geforcert, hieran werden wir in Zukunft arbeiten. Daß allerdings Ballone in Fabriken einfach nur so zusammengenäht werden, das können wir nicht glauben.

Deshalb: Es gibt noch viel zu ergründen. Fangen wir also an.

Von der Philosophie und der Technik

Eine alte japanische Weisheit sagt, der Weg sei das Ziel. Das gilt auch für das Ballonfahren. Die Aeronauten haben nur bei Wettbewerben ein Ziel, einen genauen Punkt auf der Karte, wo ihre Reise enden soll; zumeist aber bestimmen allein die Launen des Windes Richtung und Landepunkt. Denn ein Ballon ist im engen Sinne des Wortes nicht lenkbar. Anders als ein Flugzeug oder ein Luftschiff hat er keinen Einfluß auf die Richtung, die er fährt. Das bedeutet aber nicht, daß nur eine Richtung möglich ist, denn die Natur bietet dem Ballonfahrer, trotz allem äußeren Anschein, vielfältige Möglichkeiten.

Die einzig mögliche Beeinflussung des Ballons durch den Fahrer ist die Höhe, in der der Ballon stehen soll. Er kann steigen, große Höhen erreichen und halten, und er kann fallen. Nach unten ist die Grenze mit der Oberfläche der Erde klar gezogen. Nach oben scheinen zunächst die Grenzen offen zu sein, sind doch Forschungsballone bereits bis in die Stratosphäre vorgedrungen. In der praktischen Anwendung erfährt aber die maximal erreichbare Höhe bereits früher Grenzen. Sie ist abhängig von Bauart und Ausrüstung des Ballons.

In unterschiedlichen Höhen können die Windrichtungen völlig verschieden sein. Im nordamerikanischen Albuquerque zum Beispiel, wurde zum ersten Mal eine sogenannte Box gefahren. Das ist eine Reise, die genau dort endet wo sie begonnen hat. Gefahren wird in allen vier Himmelsrichtungen und der Kartenkurs sieht aus wie ein Viereck.

Franz Taucher, unser Ballonfahrer aus Hamburg, den wir auf unserer Reise durch die Vereinigten Staaten von Amerika begleitet hatten, fuhr auf Barron Hiltons Ranch in Nevada zum ersten Mal eine Box in diesem Gebiet. Eine großartige Leistung, insbesondere, da wir erst am Vortag angekommen waren und von einer genauen Kenntnis des Gebietes nicht gesprochen werden konnte. Die Voraussetzungen, eine Box fahren zu können, sind nur selten gegeben und es erfordert großes Geschick und Erfahrung, sie dann auch hinzubekommen.

Der Ballonist braucht Wind aus allen vier Himmelsrichtungen und die muß er erst einmal finden. Sie sind abhängig von der Höhe, der Struktur der Landschaft und auch von der Tageszeit.

Das Instrumentarium des Ballonfahrers sieht auf den ersten Blick einfach aus: Höhenmesser, Variometer, Temperaturfühler in der Hülle, Kompaß. Mit dieser Ausrüstung kann man bereits fahren. Hinzu kommen aber nahezu immer ein Funkgerät und, besonders in Gebieten mit Flugverkehr, Radarreflektor und Transponder.

Der Höhenmesser mißt die absolute Höhe über dem Meeresspiegel. Zu Beginn jeder Fahrt muß er neu geeicht werden, da der schwankende Luftdruck zu berücksichtigen ist. Zusammen mit der Karte kann der Pilot dann die Höhe über Grund bestimmen. Bei schlechter Sicht oder Regen kann es allerdings zu Problemen kommen, da die Bestimmung des genauen Standortes dann schwierig wird. Deshalb wird im Ballonsport fast ausschließlich nach Sichtflugbedingungen gefahren. Wenn das Wetter umschlägt, versuchen die Piloten möglichst schnell einen Landepunkt zu finden.

Ballonsport ist nichts für wagemutige Menschen, denn den Launen der Natur sind alle unterworfen. Deshalb ist unter den Sportlern das Risikobewußtsein stark ausgeprägt. Schließlich geht es um das Leben der Passagiere, der Piloten und auch um das teure Gerät.

Das Variometer mißt die Steig- bzw. die Sinkgeschwindigkeit der Ballone. Bestimmte Grenzen dürfen nicht überschritten werden und bei der Anfahrt auf den Landepunkt hilft das Instrument dem Piloten den idealen Winkel zu treffen. Zudem ist der menschliche Organismus nicht darauf eingerichtet, Steigen und Fallen genau einzuschätzen. Die Sichtweise bleibt subjektiv und besonders in größeren Höhen ist eine Einschätzung schwierig.

Mit dem Kompaß kann der Pilot die Richtung ermessen in der der Ballon treibt. Besonders markante Landmarken, Berge, Verkehrswege, Gemeinden lassen ihn dann seine tatsächliche Position auf der Karte wiederfinden. Über Funk kann er dann seinen Standort und die gefahrene Richtung an die Rückholer am Boden weitergeben.

Häufig benutzen heute Ballonisten zusätzlich noch ein weiteres Instrument, das aus dem militärischen Bereich stammt: das GPS (Global

Rauchen verboten! Hier wird das Treibgas abgefüllt. Die Tankstelle ist nur provisorisch und wurde für die Dauer des Festivals eingerichtet.

Positioning System). Ein Gerät zur Bestimmung der Position. Dabei errechnet ein Computer aus den Signalen mehrerer geostationärer Satelliten die genaue Position, die Höhe und die aktuellen Veränderungen. Seit diese Geräte in handlicher Form und auch zu erschwinglichen Preisen zu kaufen sind, haben sie den Luftsport entscheidend revolutioniert.

Dem Temperaturfühler in der Hülle kommt besondere Bedeutung zu. Die Idealtemperatur im Ballon liegt bei 100 Grad Celsius. Wesentliche und längerdauernde Überschreitungen schaden der Haltbarkeit der Hülle und beeinträchtigen so die Sicherheit. Das Material wird brüchig, die Nähte können platzen und die Lebensdauer des Ballons wird verkürzt.

Andererseits aber muß der Pilot wissen, wie hoch die Tragkraft seines Ballon im Zweifel noch ist, ob er durch zusätzliches Heizen noch Auftrieb erlangen kann. Denn: Ballone fahren nach dem Prinzip »Leichter als Luft«. Wer einmal einen Ballonkorb vom Hänger gewuchtet hat, wer die Hülle geschleppt hat, wer das Gewicht der Mitfahrer betrachtet, der mag sich darüber wundern, daß dies alles zusammen leichter als Luft werden kann. Im Prinzip ist das einfach, in der technischen Umsetzung allerdings hoch kompliziert.

Aber nehmen wir als Beispiel einfach mal einen Ballon der Klasse AX7 mit einer mittleren Größe von rund 2000 Kubikmetern. Wird die Luft im Inneren erhitzt, so dehnt sie sich aus, sie wird quasi dünner und verliert durch die Verdrängung aus dem Ballonmaul heraus an Gewicht. Es gilt also, die heiße Luft so weit auszudehnen, daß sie Auftrieb ausübt, der ausreicht Gerät und Insassen zu tragen. Bei knapp über 100 Grad Celsius hat ein Kubikmeter Luft in Meereshöhe einen Auftrieb von rund 0,3 kg. Und jetzt beginnt die Rechnerei: Die Hülle wiegt rund 70 kg, Brenner und Korb ebenfalls rund 70 kg, vier Gaszylinder mit Inhalt rund 140 kg. Macht zusammen rund 280 kg. Das Durchschnittsgewicht eines Mitfahrers wollen wir mit 75 kg annehmen. Bei 4 Mitfahrern macht dies eine Last von rund 300 kg. Nun gilt es genug Auftrieb für 580 kg zu schaffen. Bei einem Auftrieb von 0,3 kg pro Kubikmeter ergibt sich daraus eine untere Ballongröße von 1933 Kubikmetern. Rechnerisch.

Aber so einfach bleibt es nicht. Die Tragkraft der verdrängten Luft ist nämlich nicht nur abhängig von der Innentemperatur, sondern auch von der Temperatur der umgebenden Luft. In unseren Breiten tritt das Problem nur an wenigen Tagen im Jahr auf, in heißen Gegenden, zum Beispiel bei unserer Reise in Death Valley und der Wüste von Nevada kann dies bereits am späten Vormittag zum Problem werden. Dann reicht die Größe des Ballons nicht mehr aus, dann muß die Traglast verringert werden, dann muß die Innentemperatur des Ballons hochgeheizt werden. Um seinen Ballon nicht ernsthaft zu beschädigen, ist Franz deshalb auch nur am frühen Morgen oder am späteren Nachmittag gefahren. Außerdem sind zu diesen Tageszeiten auch Winde und Thermiken schwächer.

Blickt man auf die Entwicklung der letzten Jahre zurück, so hat sich vieles verändert, hat alles, was irgendwie mit Technik zu tun hat, große Fortschritte gemacht. Nur eines wurde fast unverändert von den Ballonpionieren übernommen: der Korb. Auch heute noch wird er aus Weide geflochten. Wer nämlich einmal eine harte Landung bei windigem Wetter hinter sich gebracht hat, der wird ihn schätzen lernen. Der Korb gibt bei Aufprall nach, verformt sich ein wenig, nimmt also bei der Landung Energie auf. Außerdem bietet er bei einer möglichen Schleiffahrt Schutz vor Büschen und Steinen und herausfallen kann man über die hohe Bordwand kaum. Körbe aus Aluminium und anderen starren Materialien bieten dagegen weniger Schutz und absorbieren auch keine Energie. Landungen werden härter. Deshalb finden diese Körbe auch vorwiegend bei harten Wettbewerben Verwendung, bei denen es weniger um Komfort als um Gewichtsersparnis geht.

Große Veränderungen indes hat es bei den Brennern gegeben. Früher waren diese für die Heißluftballonfahrt lebenswichtigen Geräte noch wenig entwickelt. Der Brenner dient dazu, aus flüssigem Gas schnell große Energie herauszuholen. Heute gelten sie in ihrem Gebrauch als sehr sicher. Eine kleine Pilotflamme brennt während der ganzen Fahrt und zündet eine große Flamme, die der Ballonist aufdreht, wenn er Höhe gewinnen will. Dies muß ohne Störung und Verzögerung geschehen, denn es kann lebenswichtig sein in kurzer Zeit Auftrieb zu verschaffen.

Brenner der modernen Art entwickeln bis zu 2 Megawatt Leistung, werden während der Fahrt jedoch lediglich bis zu 12 Prozent genutzt. Das bedeutet, daß große Kraftreserven vorhanden

Nach dem Ausbreiten der Hülle am Boden und vor dem Heizen mit der Flamme muß der Ballon mit Kaltluft angeblasen werden, da sonst die Flammen die Hülle verbrennen würden. Ein großer Propeller übernimmt diese Arbeit. Inzwischen werden im Inneren die Falten des Shapes geordnet.

sind. Sie werden aber nur sehr selten genutzt. Entscheidend ist in erster Linie die Betriebssicherheit. Das gilt auch für die Gastanks und die zuführenden Leitungen.

Es versteht sich von selbst, daß in den Ballonkörben das Rauchen verboten ist. Schließlich sitzt man quasi auf den Tanks mit dem Flüssiggas. Kleine Undichtigkeiten sollten zwar vermieden werden, kann das Gas jedoch trotzdem entweichen, könnte es bei einer Entflammung direkt am Tank lebensgefährlich werden. Viel Platz zum Davonlaufen besteht in einem voll besetzten Korb nämlich nicht. Deshalb achten die Piloten strikt auf dieses doch wohl einfache Gebot. Die Tanks sind entweder aus Aluminium oder aus rostfreiem Stahl. Ballonisten streiten sich des öfteren über die Vorteile in der Praxis. Die Alutanks zeichnet das geringere Gewicht, die Stahltanks die größere Robustheit auch in harten Situationen aus. Entscheiden muß letztendlich jeder Pilot für sich selbst.

Noch ein Wort zur Sicherheit des Ballonfahrens. Da ist es wie bei den Autos: Das Gerät muß gepflegt werden und letztlich kommt es auf das Verhalten des Fahrers an. Sicherheit sollte oberstes Gebot sein. Aber, vergleichbar zum Autofahren, auch hier gibt es natürlich Unterschiede. Geübte, erfahrene Ballonfahrer wagen Fahrten, die der Ungeübte besser lassen sollte. Wagnisse sollte man nicht eingehen. Trotzdem: Der Mensch ist für die Reise durch die Luft nicht geschaffen, deshalb ist Umsicht geboten. Aber: Für das Fahren in schnellen Autos ist er auch nicht geschaffen und trotzdem glauben wir (fast) alle wir könnten die Aufgabe bewältigen. Ballonfahren ist, wie das Autofahren auch, eine Frage der persönlichen Verantwortung.

Damit kommen wir zur Frage, wie erlangt man einen Ballonfahrerschein. Die einfachste Methode wird sein, einen Ballonfahrerverein oder einen professionellen Ballonfahrer aufzusuchen und sich beraten zu lassen. Die Prüfung besteht aus der Theorie, die man, in Ermangelung von Fachbüchern, weitgehend in der Praxis lernen muß.

Bei bestimmten Fragen, z.B. der Wetterkunde und der Funklizenzen, dem sogenannten Sprechfunkzeugnis, kann der Interessierte zwar auf Fachbücher der privaten Luftfahrt zurückgreifen, weiteres Lernen ist dennoch von Nöten. Ballonfahrer reisen nämlich meist in Höhen, die für Flächenflugzeuge nicht zugelassen sind und hier herrschen völlig andere Wetterregeln. Zudem unterscheiden sich die Prozeduren bei Starts und Landungen völlig. Deshalb lernt man das Fahren in der Praxis. Und die beginnt beim Transport des Geräts: So ein Ballon ist ein unhandliches Gerät. Es besteht aus dem Korb, den Brennern, der Hülle und den Instrumenten. Dazu kommt noch eine überdimensionale Windmaschine für den Start. Und das alles soll irgendwie transportiert werden. In Europa wird dazu meist ein Zugfahrzeug und ein kleiner Anhänger verwendet. Die Amerikaner bevorzugen einen Pick-Up, der gewisse Vorteile mit sich bringt, anderweitig jedoch selten Verwendung finden kann. Für das Zugfahrzeug empfiehlt sich ein geländegängiges Fahrzeug, denn »nicht immer« gelingt es dem Ballonisten, direkt neben der ausgebauten Landstraße, gleich am Parkplatz auf einer schönen, freien Wiese zu landen. Manchmal sind ein paar Hindernisse zu überwinden.

Für unsere Reise durch die USA konnten wir leider kein Geländefahrzeug finden. Deshalb mieteten wir einen Bus, aus dem die Rücksitze entfernt wurden. Das Fahrzeug war zwar recht hochbeinig, geländegängig war es indes weniger.

Als Franz dann mitten in der Wüste, weit hinter einem Berg landen mußte, konnte er zwar lange die Hülle des Ballons aufrecht stehen lassen, obwohl er am Boden stand, wir aber mußten uns durch kleine Cañons und über Geröllfelder vorwätstasten. Das dauert natürlich relativ lange. Einer von uns mußte vorgehen, um einen möglicherweise gangbaren Weg zu zeigen. Ein anderer mußte die Gesteinsbrocken vor dem Auto wegräumen, denn das Getriebe und die Achsen wollten wir ja nicht beschädigen. Und außerdem ganz nebenbei, wollten wir ja auch noch einen Film machen. Das erfordert Teamarbeit und alle sollten sich verstehen. Gleichgültig ob sie an der aktuellen Fahrt beteiligt sind oder nicht.

So gilt es an dieser Stelle ein Hoch auf die Begleitmannschaft auszubringen. Fast alle wollen natürlich irgendwann einmal selbst Ballon fahren. Sie wollen es lernen. Und ein großer Teil der Schwierigkeiten liegt im Auf- und im Abrüsten. Das Aufstellen ist wohl der imposantere Teil, denn jetzt versammeln sich Neugierige, Kollegen, Interessierte. Hier steht das Team auf bekanntem Boden, hier sind die Schwierigkeiten noch alle im Griff. Denn kein Teamchef wird das Kommando zum Aufrüsten geben, wenn die Voraussetungen nicht stimmen. Das Abrüsten, das Einpacken des Ballons ist etwas anderes. Da ist man oft alleine, niemand könnte helfen, das Feld liegt weit abseits, ist schwer zugänglich und möglicherweise ist der Besitzer zuerst einmal zu beruhigen.

Doch beginnen wir mit dem Aufrüsten: Zuerst wird alles entladen und der Korb nahe beim Ballonmaul auf die Seite gelegt. Brenner und Tanks sind montiert, der Ventilator steht in Reichweite. Danach wird die Hülle ausgebreitet. Die Richtung des Legens entscheidet natürlich bereits jetzt der Wind. Niemand sollte sich nämlich einbilden, er oder sie könne den Ballon quer zur Windrichtung halten, wenn er angeblasen wird. Ein hoffnungsloses Unterfangen. Ist die Hülle ausgelegt, sind alle Leinen und Halteseile verbunden, dann treten zwei aus der Gruppe an das Maul der Hülle und halten es auf. Und dann wird es laut. Der Ventilator, gehalten von einem Dritten, bläst kalte Luft durch das Maul und erweckt die Hülle zu ersten Anzeichen von Leben. Auf der gegenüberliegenden Seite steht nun ein viertes Mitglied der Gruppe und hält die sich langsam aufblähende Hülle am Topseil in der richtigen Richtung. Dies ist eine anstregende Sache, denn, natürlich hat man nicht genau die richtige Richtung zum Wind ausgemacht, natürlich versucht der Wind mit dem immer größer werdenden Lampion sein eigenes Spielchen zu treiben und natürlich steht (fast) immer irgendwas herum, das die Hülle zerreißen könnte. Ein Busch, eine Laterne oder einfach nur ein dicker Stein. Damit aber muß man als Topleinenmensch leben.

Währenddessen umkreist der Ballonfahrer seinen Ballon wie der Hütehund seine Herde. Da gilt es Falten zu glätten, Steuerleinen zu inspizieren, den Parachute an die richtige Stelle zu bringen, Zuschauer zu beruhigen und außerdem noch die Übersicht über alles zu behalten. Ballonfahrer haben es schon schwer.

Irgendwann macht die Hülle schon einen ganz munteren Eindruck, aber sie liegt noch am Boden. Das soll sich ändern. Der Fahrer klettert in seinen immer noch am Boden liegenden Korb, entzündet die Pilotflamme und gibt einen wohldosierten Schuß heißer Luft in die Hülle. Sofort ist alles ganz anders. Der Ballon erwacht zum Leben, rüttelt sich, schlägt ein wenig um sich und richtet sich dann mit großer Schnelligkeit auf. Der Korb kippt nach hinten, auf die normale Standfläche, alle stürzen hin und hängen sich an ihn, denn noch ist es dem Ballon nicht gestattet einfach davonzufahren. Dies Phase des Aufbaus ist die gefährlichste, hier kann am meisten passieren, hier also ist Umsicht bei allen Beteiligten geboten.

Das Mitglied des Teams am Topseil kann den Ballon nicht halten, muß aber dennoch darauf achten, daß die Richtung des Aufrichtens bestehen bleibt. Das ist harte Arbeit, schleift die Person bisweilen ein wenig an den Ballon heran, aber immer gilt die Regel: Immer wenn man auch nur ein bißchen vom Boden abgehoben wird, muß man loslassen. Wenige Mommente später kann man in schwindelnder Höhe sein und ein Sturz kann Verletzung und Gefahr bringen.

Die Leute am Ballonmaul, sie stehen mit einem Fuß auf den unteren Halteseilen zum Korb um die Öffnung weit aufzuhalten. Sie müssen frühzeitig ihren Posten verlassen, sonst verheddern sie sich mit Füßen oder Händen und werden ebenfalls emporgehoben. Wie man dann da wieder herauskommt merkt man dann erst beim Herunterfallen. Verlassen sie ihren Posten aber zu früh, dann kann die große Heizflamme den oberen Rand der Hülle verbrennen und die Reise ist zu Ende bevor sie begonnen hat.

Dies alles steuert der Ballonist mit der Flamme des Brenners. Und weil die Hülle allein relativ wenig wiegt, steigt sie auch schnell in die Höhe. Erfahrene Ballonisten liegen halb auf ihrem Korb, stehen halb darin, steigen während des Kippens des Korbes behende um, um anschließend, wie der Kapitän auf der Kommandobrücke eines großen Schiffes, lächelnd den anderen klarzumachen, »Warum habt ihr hier ein Problem?«

Anschließend wird es eher gemütlich. Alle hängen am Korb, noch soll er nicht davonfahren, die Passagiere steigen ein, wir haben die Installation unserer Kameras kontrolliert, und bei Wettbewerben oder Fiestas wartet man auf das Zeichen der Launcher, der Offiziellen, die den Start freigeben.

Nur selten bricht nach dem Aufstellen Hektik aus. Wir haben es nur einmal erlebt. Es war an der Bay von San Francisco. Kaum stand der Ballon, wollte Franz auch schon weg. Der Wind stand günstig, war ein wenig zu stark, die Zeit drängte und außerdem wollte er wohl einfach nur los. Dann kam ein bißchen Gebrüll, denn wo unsere Kamerafrau gerade war, wußte niemand. Die aber hatte das Aufrichten gedreht, montierte das Gerät gerade vom Stativ ab, mußte herbeirennen, in den Korb klettern, die Kamera nachgereicht bekommen, ... schon war der Ballon oben. Bilder vom Start waren später nicht vorhanden.

Diese Hektik mußten wir Franz also erst einmal abgewöhnen. Denn: Wenn der Ballon erst einmal weg ist, dann ist nichts zu wiederholen. Franz aber gelobte Besserung und hat dieses Versprechen auch bis zum Schluß gehalten. Mit einem Grinsen im Gesicht fragte er dann immer: »Bist Du fertig, bist Du auch wirklich fertig? Darf ich jetzt fahren?« Und dann fuhr er. Wohl zwanzigmal für uns. Schwieriges und Einfacheres, und immer an Stellen, wo vorher nur wenige fahren durften.

Wenn der Ballon erst einmal weg ist, dann sieht die Bodenmannschaft nur kurz hinterher, denn jetzt beginnt ein Wettstreit der anderen Art. Schnell wird gepackt, alles kommt in die Fahrzeuge und dann gibt es nur noch eine Frage: »Wo ist der Ballon?« Die Bodencrew will ahnen können, wohin das Gefährt am Himmel treibt. Sie errechnen Kurs und Geschwindigkeit, die Reichweite, den Vorrat an Treibstoff, und sie versuchen, die Ziele des Fahrers zu erraten, denn die ergeben sich erst in der Luft.

Mit dem Ballon zu fahren ist eine Sache, auf der Straße hinterher zu kommen eine völlig andere. Die da oben kennen keine Hindernisse, keine Einbahnstraßen, keine Gewässer, die den Weg abschneiden können. Die da oben sagen nur Standorte, Geschwindigkeit und Richtung durch. Die da unten haben Ampeln und fehlende Straßen, Verkehrsstaus und Flüsse, Bergketten und unerschlossenes Land vor sich. Und Karten. Da stellt sich dann die Frage: Wie komme ich von A nach B, wenn ein Bergrücken dazwischen liegt, oder fahre ich gleich nach C, denn da müßten sie rauskommen, wenn der Wind nicht anders wird. Oder fahren wir gleich nach D, denn dort haben wir die Option auch für andere Richtungen. Der da oben muß eine Nase für den Wind haben und die da unten auch. Deshalb beginnt jeder vernünftige Ballonfahrer unten, dort kann er von den

Der Startplatz vor Château d'Oex

Erfahrungen der Geübten profitieren, aus ihren Fehlern lernen.

Natürlich kommt so ein Ballon auch irgendwann wieder runter. Spätestens, wenn ihm das Gas ausgeht, in der Regel aber früher. Die Idealvorstellung der Bodenmannschaft ist die, daß sie bereits am Landeort stehen und der Ballonfahrer den Korb präzise auf den Hänger setzt. Wir haben solches zwar schon gesehen, leider aber ist es nicht die Regel. Zumeist kommt die Crew kurz nach der Landung an und der Ballonfahrer hat versucht, dicht neben der Straße zu landen. Andere, kompliziertere Landungen wollen wir lieber verschweigen, denn da treten bisweilen große Rückholprobleme auf. Unwegsames Gelände, Zäune mit verschlossenen Toren, tiefe Gräben, die den Ballonlandeplatz umschließen, bissige Hunde, die zu beruhigen sind. Aber eine gute Crew, auf die sich der Pilot verlassen kann, meistert jedes Problem. Das aber gehört auch mit zur Philosophie des Ballonsports. Alleine ist der Pilot ein Nichts. Die Qualität des Geräts ist uninteressant. Es ist dann wie im richtigen Leben: Der Arrogante, der Überhebliche, der Besserwisser überlebt nur eine kleine Spanne der Zeit. Dann ist er alleine, oder er hat eine schlechte, weil nur bezahlte Crew. Dann fehlt die Begeisterung und die Arbeit am Ballon verkommt zu Lohnarbeit. Dann aber hat das Fahren keine Faszination mehr, dann wird sie zum reinen Broterwerb. Und niemand ist mehr dafür zu begeistern. Das aber sind die wenigen Ausnahmefälle.

Natürlich fahren Rückholer auch immer wieder auch mit im Ballonkorb. Schließlich sollen sie lernen. Was will der Ballonist, welchen pysikalischen Gesetzen ist er unterworfen, was leitet ihn? Ballonfahren ist keine Geheimwissenschaft, Ballonfahren ist das Ergebnis der Einsicht in die Gesetze der Natur. Und das wiederum unterscheidet die Ballonfahrerei z.B. von vielen theoretischen Wissenschaften.

Wenn also der Ballon gelandet ist, wenn die Rückholcrew diesen erreicht hat, wenn der Pilot alles heil heruntergeholt hat, dann... Aber wir wollen vorher über die Landung sprechen.

Viele haben wir erlebt. Langweilige, denn die Bedingungen waren ideal, komplizierte, denn die Umstände erforderten besondere Umsicht und ganz andere, die uns Erfahrung gebracht haben.

Da war zum Beispiel die Fahrt über die Bay von San Francisco. Eine Jungfernfahrt; Amerikaner machen so etwas nämlich nicht. Die überqueren Ozeane, erobern Kontinente, über die Bay aber fahren sie nicht. Irgendwann hatte Franz beschlossen zu landen. Die Bay lag hinter ihm, die Landzunge von Richmont vor ihm. Dahinter aber ging die Bay weiter, viel Wasser und dann erst die Berge, Land. Dies aber in weiter Entfernung. Bis dahin hätte das Gas nicht gereicht, der Ballon wäre im Wasser versunken. Und das wollte schließlich niemand. Also ging es darum, hier irgendwo herunterzukommen.

Amerika ist ein schönes Ballonland, die Grundeigentümer sind zuvorkommend, wohlwollend gegenüber jedem, der durch die Lüfte kommt und offen für Anregungen, Entdeckungen. Aber: In den Vereinigten Staaten von Amerika wollen viele Menschen elektrischen Stom haben und den bringt man durch meilenweite Überlandleitungen, große und kleine und auch ganz kleine zu den Verbrauchern, fast immer oberirdisch und immer im Weg. Wenn aber Ballonfahrer etwas meiden wie der Teufel das Weihwasser, dann sind es Hochspannungsleitungen. Die sind lebensgefährlich. So teilt sich für den Ballonisten dieses große Land Nordamerika in viele kleine Quadrate, alle umspannt von kleinen und großen Hochspannungsleitungen. Baumreihen und Büsche spielen hier nur die zweite Geige.

Franz kam also angereist, neben ihm Beatrice, die Kamerafrau und unter ihnen das weite Land, unterteilt in viele kleine Quadrate und dazwischen Leitungen. Schließlich entschloß sich Franz zu einer Landung vor einer Baumreihe, hinter einer Bahnlinie, zwischen zwei Powerlines. Punktlandung war also angesagt. Inzwischen war der Wind recht flott geworden. Franz ging in niedriger Fahrt über die Bahnlinie, fegte flott über ihren Fahrdraht, zwang den Ballon zu fallen. Der Wind aber wollte nicht aufhören zu blasen. Franz schaltete die Brenner ab, schloß die Leitungen der Gastanks, zog die rote Leine, öffnete den Parachute. Die Oberseite des Ballons ging auf, die heiße Luft begann zu entweichen, der Auftrieb brach zusammen, der Korb setzte auf. Alles in ganz kurzer Zeit, wenige Zentimeter über dem Boden eingeleitet. Der Wind aber wollte nicht aufhören zu blasen. Der Korb rumpelte über den Boden. Die Kamerafrau war längst schon in den Niederungen des Ballonkorbs gelandet. Bilder: Null. Später wurden dann andere, fernsehgerechtere Techniken entwickelt. Bei der ersten Fahrt aber wollte Franz auf Nummer sicher gehen. Trotzdem wollte der Wind nicht aufhören zu blasen. So begann das, was Ballonfahrer eine Schleiffahrt nennen. Der Korb als Anker, als Hemmschuh, als energieabsorbierendes Teil, Schleiffahrt eben. Jetzt nur nicht die rote Leine loslassen, heiße Luft, Auftrieb verlieren, Widerstand aus dem Ballon nehmen.

Wenige Meter vor der Baumreihe brach die Hülle zusammen. Die Fahrt war zu Ende. Und die Abholer? Sie standen vor den verschlossenen Toren einer Mülldeponie für chemische Abfälle einer großen amerikanischen Firma. Später wurde das Tor freundlich geöffnet, wenig später war der Ballon wieder verpackt, selten nur waren wir schneller.

Der Pick-Up von Jack stand neben der Kreuzung. Der Wind kroch nur so über das Land. Franz kam herunter. Ein Meter vielleicht seine Höhe, bewegte sich mit großer Trägheit langsam in Richtung Straße. Das war Albuquerque, die große Fiesta. Franz hatte zu lange gebraucht, das Zielkreuz war bereits geschlossen. »Fly in«, die Anfahrt an ein Zielkreuz, mitten auf dem großen Startplatz. Franz war fast über ihm, wenige Meter nur entfernt. Da qualmten plötzlich die Rauchpatronen, das Zielkreuz wurde eingerollt, die Disziplin war vorbei, wir kamen ein wenig zu spät. Er hätte gute Chancen gehabt, unser Franz, wir hatten sie um wenige Sekunden verpaßt. So sind die Regeln.

Danach war alles sehr entspannt. Franz suchte seinen Rückholer und der stand auch bereit, verkehrsgünstig, wenige Meter neben der freien Fläche einer Sandgrube. Es hat nur wenig gefehlt und er hätte den Pick-Up getroffen. Wir mußten ihn danach vielleicht zwei Meter tragen.

An diesem Tag fuhr Franz wie ein U-Boot-Kapitän nach Hause. Der Korb, aufgeladen auf der Ladefläche des Pick-Ups, die Brenner noch an ihrem Platz, die Hülle im Korb, und Franz als stolzer Nichtgewinner über allem. Gewinnen ist das eine, mitmachen das andere. Viele tausend Menschen erleben jedes Jahr die Fiesta von Albuquerque in den USA mit. Nur wenige können gewinnen, alle zusammen aber machen die Atmosphäre des Festes aus, die Schönheit der Vielzahl, das Gefühl der »Zwerg unter den Tulpen« sein zu dürfen. Der Weg ist das Ziel, der Pokal lediglich ein Erinnerungsstück im Regal.

Wir waren bereits unten. Der Ballon lag flach. Und dann kamen sie gefahren. Flotter Wind, kaum Fallen. Der Hund. Ein »Special Shape« aus Japan, ein wunderschöner Ballon, ein großer Hund mit zwei Welpen, bekannt in der ganzen Welt. Special Shapes werden Hüllen genannt, die stark von der üblichen Kugelform abweichen. Da gibt es Kühe und Pinguine, Bierdosen und Schuhe, Schlösser und Eistüten, nichts, was die Erfindungsgabe hervorbringen könnte, ist unmöglich. Aber: Sie sind schwer zu fahren. Nur behutsam sind sie aufzurichten, nur widerwillig passen sie sich den Winden an, sie rütteln und schütteln schnell, aufwärts wie abwärts. Und das größte Problem: Bei der Landung verlieren sie nur langsam die heiße Luft, geben nur behutsam ihr Eigenverhalten auf. Deshalb auch können sie nur unter optimalen Bedingungen starten, schließlich müssen sie ja auch irgendwann wieder herunterkommen.

Da kommt also nun dieser Hund aus Japan, flotte Fahrt, versteht sich. Ein wunderschöner Ballon, der die heiße Luft nicht herausgeben will. Der Korb setzt auf, die Besatzung zieht die rote Leine, deutlich öffnet sich der Parachute, aber die Fahrt geht weiter. Polternd über Sandhügel und Steinbrocken. Weit klafft die Oberseite aber das verdammte Ding will den Auftrieb nicht verlieren. Laut ruft die Besatzung um Hilfe, denn rund 100 Meter weiter fällt die Sandgrube fast senkrecht ab in die nächste Ausbaustufe. Ein Absturz, den es zu vermeiden gilt. Die Ballone ringsum, drei an der Zahl liegen fast am Boden, nur einer kämpft noch mit dem Wind. So ist es selbstverständlich, daß vier Leute losrennen, sich an den Korb hängen, hinterhergeschleift werden, halten, was das Zeug hält, versuchen Energie zu absorbieren. Im Korb zwei japanische Piloten, sie ziehen die rote Leine, zu zweit, denn die Kraft des Windes drückt enorm, draußen, wildfremde Helfer, die sich noch nie gesehen haben, die aber alle wissen, vor dem Abgrund muß dieses Ding am Boden sein.

Über Sportlichkeit sind viele Theorien entwickelt worden. Im Ballonsport werden sie praktiziert. Nur wenige nämlich wollen ernsthaft gewinnen, die Mehrzahl will dabei sein, will einfach ankommen, will sich selbst beweisen, daß sie es schaffen können. Wer also ist der Gewinner? Der Weg ist das Ziel! Wer Pokale ins Regal stellen will, ist hier falsch aufgehoben. Dafür ist

Ballonfahren einfach zu schön, dafür ist die Natur zu gefährlich.

Und was hatten wir gesagt? Natürlich will jeder, der sich auf diesen Sport einläßt, irgendwann einmal den Schein haben. Das ist natürlich Unsinn. Wir sind viel mit dem Ballon gefahren, wir werden noch viel mit Ballonen fahren, aber nicht alle werden Piloten.

Und um es ganz einfach zu sagen: Mitfahren ist viel schöner. Denn Ballonfahren ist wie Kaviar, man muß es nicht jeden Tag haben. Ab und zu aber ist es in Ordnung. Denn es macht genauso viel Spaß, zu sehen, wie andere die Fahrt genießen. Mit Franz aus Hamburg, oder Ton aus Holland. Brigitte Passrugger zum Beispiel. Der alten Frau vom Berge in Filzmoos. Oder Vladimir Dzhanibekov, dem russischen Kosmonautengeneral. Oder Beatrice, der Kamerafrau, oder Frank und Peter, den Journalisten, Marc und Peer, Thomas und Bruno.

Sie alle hat es erwischt. Und es wird auch jeden anderen erwischen, vielleicht ja mit diesem Buch, auf jeden Fall aber dann, wenn der Korb erst einmal abgehoben hat.

Vom Fliegen und Fahren

Wer da glaubt, er könne mit dem Ballon fliegen, der hat schon die erste Runde verloren und außerdem gelernt, daß sehr wohl ein Unterschied besteht zwischen dem Fliegen mit einem Gerät »schwerer als Luft« und dem Fahren mit einem Gerät »leichter als Luft«. Amerikaner verlieren keine Rund an das Team, dort ist alles »fly«. Woran man ersehen kann, daß im deutschsprachigen Raum alles ums Ballonfahren komplizierter ist. Trotzdem haben die Briten als erste die Verhaltensregeln für Ballonfahrer entwickelt. Die sind sehr streng, denn: »My home is my castle«, auf deutsch: Eigentumsrechte müssen gewahrt werden.

Natürlich kann jeder Ballonfahrer landen wo immer er will und kann, vorausgesetzt, er ist in Not, er kann nicht weiterfahren, einen anderen Platz wird er nicht finden. Dies allerdings sind die einzigen Ausnahmen, die akzeptiert werden. Ballone dürfen nicht stören.

Die Regelung ist logisch und sie entspricht den Vorstellungen vornehmen englischen Verhaltens. Diese Regeln jedoch sollten überall Gültigkeit haben. Machen wir uns die Auswirkungen des Ballonfahrens auf andere Weise erst einmal klar: Beim Aufbau und beim Start sind die Arbeiten mit Lärm verbunden, Fahrzeuge fahren auf dem Platz umher, Leute trampeln das Gras platt. Niemand würde sich also einen Startplatz wählen, bei dem er annehmen müßte, der Besitzer könne etwas gegen seine Anwesenheit haben. Also entweder fragt man den Eigentümer, was mit Sicherheit immer die beste Lösung ist, oder man sucht sich einen abgelegenen Parkplatz, den zu früher Stunde ohnehin niemand braucht. Ist dann der Start vonstatten gegangen, dann kommt die nächste Überlegung. Ein Bauer, der sein Vieh auf der Weide hat, wird nicht erfreut sein, wenn da ein Ballonist daherkommt und nur so aus Übermut in der Tieffahrt seine Tiere erschreckt. Irgendwie ist auch der Aeronaut Verkehrsteilnehmer, der sich nach den schlichtesten Regeln des Anstandes zu bewegen hat. Jeder Ballonist weiß, daß die Heizflamme seines Geräts Lärm verursacht, dies wird er deshalb in der Nähe von Menschen und Tieren zu vermeiden wissen. Aber darüber sollte es ohnehin keine Fragen geben. Anders ist das natürlich bei Shows und Wettbewerben, da sind die Menschen auf den Lärm vorbereitet, da wollen sie ihn hören, da gehört er einfach dazu. Nicht dazu gehört jedoch das lautlose Anschleichen, das plötzliche Zünden der Flamme und das hämische Hinweggleiten. Ein richtiger Ballonfahrer macht so etwas nicht ohne Not und wer es dennoch tut, gehört nicht zur Gilde und ist ein Rüpel. Schließlich kann jeder Ballon auch in größerer Höhe fahren.

Bei der Landung treten bisweilen Interessenskonflikte auf, allerdings nur selten. Niemand will im erntereifen Weizenfeld aufsetzen und eine gigantische Schleifspur hinterlassen. Denn das ist nicht nur eine Rüpelei, sondern auch, und das ist schlimmer, die Mißachtung der Arbeit eines Bauern. Ein guter Ballonist, denn sonst verdient er diesen Namen nicht, hat immer noch genug Gas in den Tanks, um einen anderen Landeplatz zu suchen. Ein guter Ballonist wird auch nicht auf einer Wiese landen, bei der er erkennen kann, daß dort Tiere weiden.

Es ist schon vorgekommen, daß Tiere vor Schreck gestorben sind, wenn unvermittelt neben ihnen ein Ballon niederging. Auf dieses Phänomen ist die Psyche nicht eingerichtet. Tiere, gleich welcher Art, meidet deshalb der gute Ballonist. Der Könner unter ihnen wählt den Platz bereits aus großer Entfernung, er steuert ihn gekonnt an, und wenn er Glück hat, Wanderer zum Beispiel unterwegs sind oder Passanten, dann kann er sie bereits vorher auf sich aufmerksam machen. Dies hat den Vorteil, daß er nicht nur die Menschen nicht erschreckt, sondern zudem die Option hat, daß andere ihm helfen können, sicher nach unten zu kommen. Aus unserer Erfahrung läßt sich sagen, daß die Menschen es fast immer spannend finden, der Landung eines Ballons beizuwohnen, und nie ist es uns passiert, daß Hilfe verweigert wurde. Selbstverständlich erwarten sie ein paar erklärende Worte von der Crew, erwarten, daß man ihnen dankt, aber worüber sprechen wir?

Das Reisen mit dem Ballon hat nicht nur für den Mitreisenden seinen Reiz, auch für den Beobachter. Und je näher er oder sie am Geschehen ist, je dichter das Erlebnis, um so mehr kann jeder für sich persönlich nach Hause tragen. Nicht jeder möchte mitfahren, nicht jeder hat die Gelegenheit dazu, aber jeder, dem ein Ballon begegnet, empfindet ein wenig den uralten Menschheitstraum vom Fahren durch die Lüfte, von der »Traumwelt der Ballone«.

Natürlich ist nicht jeder Grundstückseigentümer von der Landung eines Heißluftballons auf seinem Grund und Boden begeistert. Natürlich wird dieses Ansinnen bisweilen auch abgelehnt. Wir erinnern uns an die Anfahrt von Franz in Albuquerque auf einen Golfplatz, wo der Aufseher nicht wollte, daß gelandet wurde. Der Ballon schwebte in vielleicht 30 Zentimetern Höhe über dem Grün, man begegnete sich also quasi auf Augenhöhe. »Nein«, sagte der Aufseher, »der Chef wünsche keine Landungen irgendwelcher Heißluftballone auf dem Golfplatz!« Auch der Hinweis von Franz, daß er nur noch eine begrenzte Menge Gas habe, konnte den Herr nicht überzeugen. Auf die Frage, ob denn die Kamerafrau den Ballonkorb verlassen könne, um die Situation ein wenig zu entspannen, wurde mit einem amerikanisch, freundlichen »certainly« geantwortet.

So verließen 65 Kilogramm Lebendgewicht und 14 Kilogramm Kamera den Korb, der selbstverständlich immer noch eine Höhe von knapp 30 Zentimetern hatte, und Franz hatte eine weitere Chance einen anderen Landeplatz zu suchen. Er fand ihn auch wenig später in einer Kiesgrube und da hatte niemand etwas gegen seine Niederkunft.

Aber mit Sicherheit passiert auch manchmal etwas, was so ein bißchen verboten ist. Beatrice hat sich daran erinnert. Es war auch in Albuquerque und dort ist das Zwischenlanden auf nicht freigegebenen Arealen schlicht verboten. Amerikaner sind da streng. Aber Fernsehen erfordert bisweilen ein geschicktes Wegsehen.

Franz kommt also elegant über den Rio Grande, und dort findet natürlich, wie könnte es auch anders sein, ein elegantes »splash and dash« statt, das sanfte Berühren des Wassers mit dem anschließenden eleganten Abheben von der Wasserfläche, nichts wurde naß außer der Unterseite des Korbes. Ein, wie gesagt, elegantes Manöver, das zur hohen Kunst des Ballonfahrens zählt.

Dann aber war da diese Sandbank, mitten im Fluß, einladend wie eine spanische Bodega. Da mußte Franz natürlich runter. »Ich werde jetzt landen, und Du machst ein Bild vom Ballon mitten im Fluß!« Beatrice mußte sich beeilen, denn Franz mußte den Korb ohne fremde Hilfe am Platz halten. Bea verließ als sprichwörtliches Lebendgewicht den Ballon, ohne daß der Korb wieder abhob und das spricht für die Fähigkeiten von Franz, dem Ballonfahrer. Bei laufender Kamera, verwackelte Bilder, Reißschwenks, kurze Impressionen, hechtet sie vielleicht 50 Meter bis ans Ende der Sandbank, hockt sich mitten in eine Wasserpfütze, versucht ihren keuchenden Atem zu regulieren, macht ein Bild vom stehenden Ballon auf der Sandbank und dann hört man ihn schon: »Ich kann den Ballon nicht halten! Komm zurück! Sofort!«

Fernsehbilder dauern lang. Fünf Sekunden, wenn sie kurz sind, zehn Sekunden, wenn sie normal sind, 15 Sekunden, wenn sie einen Eindruck vermitteln sollen, oft auch länger. Da werden Bruchteile zur Ewigkeit. Zumindest aber dauert alles sehr lang.

Dann wieder: Verwackelte Sandbank, ein stehender Ballon im Vorbeiwischen, rennende Beine, Hektik. 50 Meter sind sehr lang, wenn jemand Angst hat, der Ballon könnte so einfach ohne Vorwarnung entschwinden. Wie kommt man hier weg? Wer rettet Frau und Gerät? Wer kann über den Zwischenfall überhaupt informiert sein? Alleine im Rio Grande zu sein, muß kein abendfüllendes Erlebnis sein.

Natürlich hat sie den Ballon noch erwischt. Franz bot sein Können auf und vielleicht hätte er ja auch noch weiteres Können in der Schublade gehabt. Das allerdings hat er nie verraten. Franz ist ein Geheimniskrämer, was sein Können betrifft. Also: Die Kamera kam in den Korb, die Kamerafrau kam in den Korb und dann fragte Franz sein einmaliges: »Können wir starten? Bist Du sicher, daß wir starten können?« Und dann kam die Tieffahrt über den Hang des Rio Grande. Diese Geschichte aber haben wir bereits erzählt.

Der Ballon kann steigen und fallen und sonst kann er nichts, so haben wir gelernt. Somit könnte man meinen, er werde zum Spielball des Zufalls und der Pilot steht gottergeben in seinem Korb und wartet ab, was denn auf ihn zukommen möge. Diese Ansicht ist unter Zuschauern weit verbreitet und auch, Gott sei's gedankt, nicht richtig. Der Pilot hat nämlich eine ganze Reihe von Beeinflussungstechniken, um die Richtung der Reise zu verändern. Allerdings bedarf es dazu

Die Gäste sind vollzählig, der Start steht unmittelbar bevor. Jetzt kommt der Augenblick, in dem der Pilot seine Fähigkeiten unter Beweis stellen muß.

großer Erfahrung, guter Beobachtungsgabe und – natürlich – auch ein bißchen Glück.

Der Ballon fährt mit dem Wind, der aber hat am gleichen Platz selten die gleiche Richtung in verschiedenen Höhen. Jeder von uns konnte schon beobachten, daß Wolkenschichten in unterschiedlichen Höhen auch in verschiedenen Richtungen zogen. Dieses Phänomen macht sich der Ballonpilot zunutze.

Rein theoretisch kann der Wind in den unterschiedlichen Höhen gleichzeitig in alle vier Himmelsrichtungen wehen. Welche Windrichtung in welcher Höhe vorliegt, ist natürlich nicht so einfach festzustellen. Bei Wettbewerben und auch bei Einzelfahrten wird deshalb häufig ein kleiner, heliumgefüllter Kinderballon steigen gelassen. Die Ballonfahrer starren dann alle aufmerksam diesem kleinen Ding hinterher, versuchen seine Höhe abzuschätzen und merken sich die Windrichtungen. Die hängen von vielen Faktoren ab, von der Tageszeit und Temperatur, den Druckverhältnissen der Großwetterlage und der Morphologie der Landschaft, dies sind nur einige.

Verschiedene Male haben wir betont, daß Ballonfahrer früh aufstehen müssen. Das liegt nicht daran, daß die Piloten sich selbst und die Mitstreiter ärgern wollen, sondern es liegt am Wind. Denn was der Ballonist überhaupt nicht gebrauchen kann, sind Geschwindigkeiten von mehr als 20 Kilometer in der Stunde. Dann wird überhaupt nicht gestartet. Zu groß wäre die Gefahr für Reisende und Gerät.

Morgens in der Frühe mag die Welt vielleicht zwar noch nicht in Ordnung sein, dafür ist es eben zu früh, aber der Wind schläft noch, noch gibt es keine Thermik, noch sind die Voraussetzungen ideal. Wenn man ein bißchen Glück hat. Außerdem sind die Außentemperaturen noch niedrig, was nicht nur wegen der schweren Arbeit des Aufstellens von Vorteil ist, sondern auch wegen des Innen- und Außentemperatur-Verhältnisses.

Die großen, generellen Luftströmungen, wie zum Beispiel den Jet-Stream, sollen uns hier jetzt nicht interessieren, so hoch wollen wir heute nicht fahren. Uns interessiert zuerst einmal der Bodenwind. Er wird in keiner Wettermeldung vermerkt, denn an jeder kleinen Ecke des Landes ist er anders. Es hängt unter anderem davon ab, ob wir in einem Tal fahren, ob Hügel in der Nähe sind, dichte Wälder den Wind umlenken oder auch wie die Sonne steht. Nach diesem Wind wird der Startplatz gewählt und die Ausrichtung des Ballons zum Wind. Immer zeigt der Korb zum Wind, die Hülle liegt im Lee des Korbes. Denn wenn sich die Hülle alsbald bläht, würde der Wind ja versuchen, dieses große Ding wie ein Segel in seine Richtung zu legen. Dazu müßte die Hülle über den Boden schleifen und Steine oder Büsche könnten sie beschädigen. Aber das wollen wir ja nicht, deshalb richten wir uns gleich nach der Windrichtung. Der Startplatz wurde ohnehin so gelegt, daß möglichst wenig Wind vorherrscht, schließlich sollen vor der Abfahrt die Passagiere noch in Ruhe zusteigen können, ohne daß Hundertschaften benötigt werden, das nun große Gefährt am Platz zu halten.

Und dann steigt der Ballon auf. Natürlich weiß der erfahrene Pilot bereits jetzt, was ihn einige Meter weiter oben erwartet. Naturbeobachtung kann da weiterhelfen, der Flug der Vögel, der Rauch eines Schornsteins und vielleicht auch eben jener Kinderballon.

Die Piloten die wir kennengelernt haben waren alle unterschiedlich in ihrem Verhalten und ihrer Vorgehensweise. Alle aber wollten möglichst schnell erst einmal einen groben Überblick über die Windverhältnisse in den unterschiedlichen Höhen gewinnen. Besonders gut ist dies bei Wettbewerben zu beobachten, dann steigen die einen schnell, andere langsam und obwohl alle vom gleichen Platz aus starten, sie zerstreuen sich schnell. Der geübte Pilot sieht dann natürlich sofort, in welcher Höhe was passiert, hat schnell einen Überblick und wir gewannen bisweilen den Eindruck, daß die »alten Hasen« sich beim Start immer ein wenig mehr Zeit nahmen als andere. Sollen doch die anderen erst einmal die Informationen sammeln, die sind dann weithin sichtbar und für die später Startenden von großem Nutzen.

Am frühen Morgen dann heizen sich langsam die Südhänge der Täler auf. Die Nordhänge dagegen bleiben vorerst noch kalt. Das hat natürlich auch Auswirkungen auf die bodennahen Winde. Der Wind treibt in Bodennähe aus der Mitte des Tals hinaus die Hänge hinauf zum Kamm. Wird dieser Aufwind zu stark, kann er dem Ballonpiloten gefährlich werden, denn er kommt unter Umständen aus diesem Aufwind nicht mehr heraus. Ist der Tag allerdings ruhig, sind die Bodenwinde sanft, dann kann dieser Wind dazu benutzt werden, über den Kamm hinweg ins nächste Tal zu kommen. Ist das Tal jedoch eng und streicht der normale Wind in Richtung des Tales, dann ist nur schwer ein Kamin zu finden, hinabzusteigen und zu landen. Wenn man Pech hat, tragen die Aufwinde den Ballon immer wieder nach oben.

Die Überschreitung des Kamms von Bergrücken kann gegen Abend zu erheblichen Problemen durch Leewalzen führen. Hinter dem Bergkamm, auf der nächsten Talseite, flutet die Luft über den Kamm und fällt dann steil in das Tal ab. Leichten Leeturbulenzen kann ein Ballon durch verstärkten Auftrieb begegnen, bei schweren Turbulenzen beginnt das Gefährt zu rütteln und die von oben einstürzende Luft der Leewalze kann die Heißluft aus der Hülle drücken. Damit verliert der Ballon, neben der Sinkbewegung durch den abfallenden Wind, noch einmal Höhe durch die Verminderung des Auftriebs. Besonders tiefliegende Ballone sind davon gefährdet. Die Leewalze ist der Grund für die meisten ungeplanten Landungen und drückt Hülle und Korb oft in Baumkronen und gegen andere Hindernisse.

Gegen Abend werden die Flanken von Bergen ohnehin gefährlich, denn die tagsüber erwärmte Luft kühlt nun ab und fließt zurück ins Tal. Wer unerwartet in einen solchen Wind hineingerät, zudem seinen Ballon nicht »heiß« hat gegen diese Kraft anzuwirken, der findet sich schnell an Plätzen wieder, wo er nun überhaupt nicht zu landen gedachte. Die zurückgeleitende Schicht der Luftmassen kann bis zu 60 Metern dick sein, gefährdet also auch hier besonders die tieffahrenden Ballone. Dabei ist die Richtung, die ein Ballon vorher gefahren ist, unerheblich, kommt er in den abendlichen Abwind, dann wird er zu Tal gezwungen. Nur erhebliches Heizen kann dann ein Weg aus dieser Falle sein.

Das Fahren in der Nähe von Bergen hat ohnehin seine besonderen Gesetze. Aus dem Tragflächenbau von Flugzeugen sind Strömungsverhalten und Druckverhältnisse dicht an der Fläche ja bekannt. Darauf beruht die Technik des Fliegens und die Erkenntnisse darüber wurden in den letzten Jahren immer weiter verfeinert. Beim Fahren mit dem Ballon können nun vergleichbare Phänomene auftreten, nur ist der Ballon nicht die Tragfläche, sondern ein Bestandteil der Luftteilchen, die an dieser Fläche vorbeistreichen.

Stellen wir uns vor, vor uns taucht ein Berg auf, der spitz aus einer Ebene ragt. In unmittelbarer Nähe dieses Berges, an den beiden Seiten, an denen der Wind aus unsrer Richtung vorbeistreicht, lenkt der Berg die ankommenden Winde ab und läßt sie an sich vorbeifließen. Unmittelbar am Berg muß die Windgeschwindigkeit höher sein. Ähnlich wie bei der Tragfläche eines Flugzeuges wird die Luft zusammengepreßt und beschleunigt ihre Geschwindigkeit. Dazu muß der Ballon allerdings ziemlich tief sein. Es erfordert aber viel Erfahrung, um diese Phänomene in Wettkämpfen ausnutzen zu können. Der Anfänger sollte auf jeden Fall »auf Nummer sicher« gehen, um sich seine kurze Erfahrung

Kurz nach dem Abheben aus dem Blickwinkel des Zuschauers. Was wird den Insassen wohl widerfahren? Von außen kann man das Vergnügen nur erahnen, erleben kann man es nur im Korb.

nicht durch gefährliche und unschöne Erlebnisse zu bereichern.

Ein guter Freund von uns, ein Segelflieger, sagte uns, daß er morgens bisweilen schon aufsteige, ohne jegliche Anzeichen von Thermik und dann hoffe, daß irgendeine Maus diese schon lostreten würde. Segelflieger lieben Thermiken, von ihnen lassen sie sich weit nach oben tragen, für Ballonisten können sie jedoch lebensgefährlich werden.

Thermiken entstehen durch Luftmassen, die sich anders erhitzen als ihre Umgebung. Der Grund kann darin liegen, daß ein Platz besonders stark von der Sonne beschienen wird, daß unter ihm eine gut reflektierende Fläche, zum Beispiel ein helles Feld liegt, daß sich Gestein in der Morgensonne besonders schnell erhitzt. Dann entsteht darüber eine Luftblase mit erhöhter Temperatur. Diese Luftblase wird mit der Zeit immer größer. Vergleichbar mit den Seifenblasen, die Kinder gerne machen, bedarf es eines gewissen Auftriebs, um sich aus der Klammer der Bodenhaftung zu lösen und emporzuschweben. Dies kann die Bewegung einer kleinen Maus sein, ein zarter Wind, die Gründe sind vielfältig. Charly, unser Segelfliegerfreund, wartet nun auf eben jene kleine Maus.

Für den Ballonpiloten ist diese Art der aufsteigenden Luftmassen lebensgefährlich. Wenn man bedenkt, daß sich Hunderttausende Kubikmeter warmer Luft plötzlich vom Boden lösen, dann kann man ermessen, welche Kräfte hier wirken. Segelflugzeuge werden von diesen Thermiken bis in mehrere Tausend Meter Höhe getragen, so groß ist ihre Kraft.

Ballone reagieren nicht nur empfindlicher, wenn sie in Bodennähe fahren, am späteren Vormittag, wenn die Thermiken sich gerade entwickeln, dann ist die Bewegung einer Maus ein Nichts gegen die Bewegung des Fahrzeugs. Ballone lösen oft selbst das Freiwerden der Luftblase aus, entwickeln somit selbst die Thermik, die andere, dicht daneben liegende Thermiken mit auslösen.

Das Gefährliche an Thermiken für Ballonpiloten ist die Tatsache, daß dort die Luft nur aufwärts steigt. Seitlich kommt der Ballon nicht heraus. Anders als Segelflugzeuge, die aufgrund ihres horizontalen Gleitens jederzeit diese aufströmenden Luftmassen verlassen können, hat der Ballonpilot keine Chance, den Luftstrom zu verlassen.

Zudem bietet ein Ballon, der normalerweise für niedrige bis mittlere Höhen eingerichtet ist, der Besatzung nicht die Ausrüstung in großer Höhe zu überleben. Es fehlen Sauerstoffgeräte gegen die Höhenkrankheit und der Kälteschutz.

So paradox es klingen mag: In einer solchen Situation hilft nur noch heizen, Höhe gewinnen, nach oben aus der Thermik hinauskommen. Erst wenn der Ballon die Obergrenze der aufstrebenden Luftblase erreicht hat, dann bestehen Chancen einen Seitenwind zu erhaschen und von der Thermik wegzukommen. Dann erst kann ein kontrolliertes Sinken eingeleitet werden. Dann erst ist die Gefahr überstanden. Ballonfahrer, die in Thermiken hineingeraten sind, erzählen davon mit Schrecken.

Ton, unser »fliegender Holländer« wußte von einem besonderen Erlebnis zu berichten. Bei einer Fahrt an der holländisch-deutschen Grenze in der Nähe von Aachen näherte er sich in flachem Gelände etwa sieben Abraumhalden die da mitten in der Landschaft lagen. Es sind sieben dunkle Hügel, unbewachsen, auf einer weiten, großen Wiese. Ton kam in geringer Höhe gefahren. Die Abenddämmerung setzte bereits ein, rechts und links neben ihm fuhren noch zwei weitere Ballone. Alles schien ruhig zu sein, Gefahr war keine zu sehen. Kurz vor Erreichen der Hügel strebten die drei Fahrzeuge auf einmal auseinander. Auch hinterher konnte niemand für das Phänomen eine Erklärung finden. Ton stand kurz vor einem seiner wenigen gefährlichen Abenteuer.

»Plötzlich«, so erzählte er später, »fing der Ballon an zu rütteln, sich zu drehen.« Die Zeit der Thermiken war eigentlich schon lange vorbei. Mit späten Bodenablösungen war nicht mehr zu rechnen. Aber der Ballon fing an zu tanzen. Über ihm, weit oben am Himmel, eine winzig kleine schwarze Wolke. Ton wird hochgerissen auf 600 Meter. Der Ballon torkelt, von außen schlagen Luftströmungen Beulen in die Hülle, Der Ballon wird weiter in die Höhe gerissen. Die von der Erde hochströmende Luft preßt den Ballon zusammen, obwohl Ton versucht, durch Heizen und Ziehen die Hülle tragfähig zu halten. Obwohl sie dauernd an Tragfähigkeit verliert, gewinnt das Gefährt immer noch an Höhe. Und dann wird der Ballon aus dem Luftstrom ausgespuckt. Plötzlich ist der Aufwind, oder was auch immer es war, zu Ende. Die Hülle aber sieht

Wer meint, Ballon fahren sei eine eitle Angelegenheit, versüßt von Champagner und »pretty young women«, der irrt. Es ist vor allem auch harte Knochenarbeit.

lebensbedrohend aus. Fast ohne Auftrieb, zusammengefallen, ein großes wehendes Tuch, und das Maul fast verschlossen. Dann beginnt der Abstieg. Wieder ein vergleichbares Phänomen. Die vorbeistreichende Luft drückt die Hülle zusammen. Ton versucht in das kleine, verbleibende Maul hinein zu heizen. Noch heute wirkt er erschreckt. »Der Abstieg war viel zu schnell, die Hülle hatte kaum noch Auftrieb, das Maul war fast zu und ich dachte bereits daran, einfach ein Loch in die Hülle zu brennen. Wir mußten Auftrieb bekommen, sonst würden wir auf der Erde aufschlagen. Da ist dann die Hülle völlig unwichtig. Im letzten Moment aber ging das Maul auf. Ich habe dann mit beiden Brennern gleichzeitig heiße Luft in die Hülle geblasen. Es war wirklich im letzten Augenblick. Kurz über der Erde haben wir uns dann wieder gefangen. Das Aufsetzen war allerdings immer noch recht hart. Aber ich wollte nach diesem Erlebnis einfach auch schnell runter. So etwas ist mir weder vorher noch hinterher passiert. Gott sei dank.«

Später hat er sich dann mit den Wetterfröschen über das Erlebnis unterhalten. Die haben dann in Akten und Aufzeichnungen gesucht, haben versucht, Gründe zu finden. Es ist ihnen nicht gelungen. Für das, was passiert ist, gibt es keine Erklärung. Steigen und besonders das Sinken eines Ballons unterliegen eigenen Gesetzen.

Außenstehende, mit denen wir abends beim Wein, darüber gesprochen haben, verwiesen in diesem Zusammenhang auf »das Loch am oberen Teil des Ballons«. Gemeint war der Parachute. Dieses »Loch« hatte früher und bisweilen bei alten Ballonen auch heute noch, eine ganz andere Funktion. Diese Funktion brauchte man bei der Landung, dann, wenn der Korb den Boden bereits berührt hatte. Zum Abstieg, zum Verlieren von Auftrieb in Höhe – und dabei ist es gleichgültig wie hoch die »Höhe« ist – war dieses Instrument des Ballons völlig ungeeignet.

Der alte Parachute war eine Tuchklappe am Nordpol der Hülle. Über ein Steuerseil konnte der Pilot diese Klappe öffnen, um der heißen Luft Gelegenheit zu geben, zu entweichen, letztlich um den immer noch verbliebenen Auftrieb nach der Landung aus dem Ballon zu nehmen. Um den Parachute zu sichern, war er mit Klettband befestigt. Mit der roten Leine konnte man diese Verbindung lösen, damit war die Funktion ausgelöst, rückgängig machen konnte man sie nicht.

Wurde diese Klappe in großer Höhe geöffnet, verlor der Ballon an Auftrieb, und ging dann in einen unkontrollierten Fall über. Die vorbeistreichenden Winde beim Fallen würden den Ballon zusammendrücken, das heißt, auch noch die Reste des Auftriebs nehmen, der Parachute würde nach oben wegwehen und der Ballon wäre im unkontrollierten Fall. Niemand würde überleben. Deshalb ist die Steuerleine für den Parachute in Deutschland auch rot und niemand, niemand außer dem verantwortlichen Piloten darf sie anfassen. Selbst der Pilot überlegte sich sehr genau, wann er sie nicht nur anfassen, sondern auch ziehen durfte. Denn auf jeder Reise konnte der Parachute nur ein Mal gezogen werden. Dazu aber muße der Ballon bereits am Boden sein.

Diese Gefahrenquelle wurde inzwischen, bei den neuen Ballonen beseitigt. Der Parachute wird nur für das Aufstellen mit kurzen Stücken aus Klettband fixiert. Steht die Hülle, dann fixieren die vertikalen Haltebänder den »Deckel« innen im Ballon. Der Pilot kann auf diesem Wege dem Ballon Auftrieb nehmen, der Parachute kehrt durch den Druck von innen immer wieder an seinen richtigen Platz zurück.

Und was passiert denn nun bei der Landung? Da kommt der Ballon nun langsam gen Boden geschwebt, der Wind hat ein wenig aufgefrischt, über Grund fährt er nun mit rund 20 Stundenkilometern, der Landeplatz ist frei von Hochspannungsleitungen, Bäumen, Büschen, Zäunen und anderem störendem Zeug und der Ballonist will nun Kaffee trinken. Davor aber steht zumindest die Landung. Bei Windstille ist das ein Spielchen: Sanft setzt der Korb auf, eine Weile noch steht die Hülle aufrecht, Wanderer und Interessierte kommen herbei, der Bauer auf dem Nachbaracker stellt den Trecker ab, kommt zur Party und alle freuen sich. Dann trudelt die Rückhol-Crew ein und sanft wird die Hülle auf die Wiese (ohne Kühe versteht sich) gelegt und zusammengerollt. Das ist schön, das ist edel in der Ausführung, aber leider die Ausnahme.

Die Regel sieht anders aus: Weiter hinten sind Stacheldrahtzäune, dahinter eine Hochspannungsleitung, davor ein Wald und die nächste Straße ist Meilen weg. Das Gas geht zur Neige, der Wind wird stärker, die Fahrt nimmt zu. Aber: da ist eine schöne Wiese, nicht ein Kornfeld oder ein erntefrischer Rübenacker, aber sie ist kurz. Also gilt es knapp über den Bäumen hereinzukommen, leicht über die letzten Ausläufer des Waldes hinwegzuwippen, die Passagiere in den Keller, also auf den Boden des Korbes zu schicken und dann auf der Wiese aufzusetzen. Gasballonfahrer hatten noch einen Anker dabei, Heißluftballone haben das nicht mehr, denn da hat sich die Technik ein wenig geändert. Denn kaum hat der Korb Bodenberührung, zieht der Pilot die rote Leine, öffnet den Parachute, versucht möglichst schnell Auftrieb zu verlieren.

Wer sich nun einbildet, der Korb stünde sofort, der irrt leider. Es braucht schon einige Zeit bis der Auftrieb weg ist und es braucht noch längere Zeit, bis der Windwiderstand so klein wird, daß der Korb sich nicht mehr bewegt. Bis es aber so weit ist, ist der Korb der Anker, wandelt durch seine Schleifbewegung den Vortrieb in Reibungsenergie um. Da werden, wenn die Umstände denn halt so sind, Passagiere und Mannschaft kräftig durchgerüttelt und so manche Ballonhülle endete kläglich in Bäumen oder Zäunen.

Das hört sich dramatisch an, dramatische Landungen aber sind selten. Es mag daran liegen, daß Ballonpiloten pfleglich mit ihren Hüllen umgehen wollen, sich gute Landeplätze suchen und auch daran, daß Piloten sehr wohl entscheiden, wann sie starten, und wann sie geplante Starts absagen.

Deshalb hier noch einmal an alle, die im Ballon mitfahren wollen: Verlassen Sie sich auf das Urteil ihres Piloten, wenn er nicht startet, hat dies seinen Grund und es dient Ihrer Sicherheit. Niemandem ist mit einem Unfall oder einem schrecklichen Erlebnis gedient. Der Pilot entscheidet und nur ein schlechter Pilot entscheidet sich gegen die Sicherheit seiner Passagiere. Deshalb auch hier noch einmal der Rat: Suchen Sie sich für Ihre Fahrten ein zuverlässiges Unternehmen und wenn die Fahrt aus Gründen der Witterung nicht stattfindet, dies ist ein Kompliment für das Verantwortungsbewußtsein des Ballonfahrers. Enttäuscht werden Sie ohnehin nicht sein, sie haben die Vorfreude auf das nächste Mal. Vielleicht klappt's dann.

Aufgrund der großen Nachfrage existieren inzwischen Ballone von bedeutender Größe, mit vier Brennern und einem sehr geräumigen Korb für viele Passagiere. Unsere Freunde, die maximal vier Leute in einen Korb hineinbekommen, behaupten dies sei ja wie Busfahren. Da ist mit Sicherheit auch was dran. Technisch aber haben sich bei diesen Ballonen einige interessante Neuerungen eingebürgert, die durch die Größe notwendig geworden sind.

Um am Boden schnell Auftrieb zu verlieren, und natürlich auch um die Passagiere nicht über Gebühr hinaus im Korb herumzuschlendern, haben große Ballone neben dem Parachute eine weitere Öffnung am Nordpol um die heiße Luft abzulassen: den Velcroverschluß. Dabei wird fast die Hälfte der oberen Halbkuppel geöffnet und die Heißluft entströmt schnell nach außen. Während der Fahrt ist der Verschluß, wie der alte Parachute, mit Klettband fixiert, ist er jedoch einmal gezogen, dann steht der Ballon relativ schnell.

Es ist einfach zu Hause am Schreibtisch zu sitzen, um Erinnerungen, Erfahrungen und Gespräche mit Ballonfahrern wiederzugeben. Manche der Gefahrenpunkte werden breiter behandelt als sie aus der Erfahrung heraus verdienen. Unfälle sind selten, aber es gibt sie. Die, die uns bekannt sind, waren jedoch alle auf krasses Fehlverhalten von Ballonisten zurückzuführen, auf Nichtbeachtung von Sicherheitsvorschriften oder schlicht auf Dummheit. Der Heißluftballon ist ein Verkehrsmittel, zugegebenermaßen seltener benutzt, aber er ist ein Verkehrsmittel. Für alle Verkehrsmittel gelten Regeln, die muß jeder Aeronaut einhalten. Manchmal beißen sich da kommerzielle Interessen mit sicherheitstechnischen. Deshalb zum letzten Mal: Fragen Sie erfahrene Ballonisten, fragen Sie den Ballonclub in Ihrer Nähe, Telefonnummern finden Sie im Branchenbuch der Telekom.

Und wo ist nun die Faszination des Ballonfahrens geblieben? Es gibt sie, dann, wenn man mitfährt und auch dann, wenn man diese leuchtenden Lampions von unten sieht. Ballonfahren ist eine Form des Traum vom »Fliegen«, vom »Fahren mit dem Wind«. Kinder können in ihren Träumen noch die Oberfläche dieser Erde verlassen. Sie sind im Traum in der Lage, »über dem Ganzen« zu stehen. Wir haben es erfahren dürfen. Am Anfang war es das Abenteuer, dann war es die Faszination und später wurde es die Faszination »Gelassenheit« verspüren zu dürfen.

Es ist ein Geschenk, viele träumen von ihm, nur wenigen wird es leider zuteil. Das Schweben über der Erde bedeutet, nach ein wenig Übung, fähig zu sein, die Erde verlassen zu können und im wahrsten Sinne »darüber zu stehen«. Scheinbar Wichtiges wird bedeutungslos, Bedrückendes verliert an Wichtigkeit, »Wertes« wird wert. Vielleicht ist das eine Frage der Philosophie, wenn sie uns aber gelassener macht – auch für den Alltag –, wenn sie uns unseren Mitmenschen anders, freundlicher begegnen läßt, dann hat Ballonfahren seinen Wert. Und vielleicht hat unsere Schilderung der »Traumwelt der Ballone« Sie erfreut.

Mehr haben wir mit diesem Bildband nicht gewollt. Gleichgültig, ob sie jemals einen Ballonkorb betreten werden oder nicht. Denn Ballonfahren, da können wir jeden beruhigen, ist nicht eine Frage des Geldes, des Dabei-gewesen-seins, die Traumwelt der Ballone beruht darauf, sie sich vorstellen zu können. Sie ist eine Imagination – und zwar eine besonders schöne.

Guido Teppa
**Gleitschirmfliegen –
Der sichere Weg zum Erfolg**
180 Seiten, 226 Abbildungen,
davon 14 in Farbe, broschiert
DM/sFr 39,80 / öS 311,–
Bestell-Nr. 50182

Theodor Brucksch
Abenteuer Ballonfahren
Die Faszination dieses stillen Abenteuers in
brillanten Fotos und fesselnden Berichten.
166 Seiten, 115 Abb., dav. 36 in Farbe, geb.
DM/sFr 59,– / öS 460,–
Bestell-Nr. 50078

Hoch hinaus

Chris Bonington
Triumph in Fels und Eis
Die Höhepunkte aus der 200jährigen Geschichte des Alpinismus in
den Alpen und im Himalaja:
Berichte über dramatische Erstbesteigungen und berühmte Bergsteiger – begleitet von brillanten
Farb- und historischen Fotos.
288 Seiten, 132 Abb., davon 41
in Farbe, 11 Karten, gebunden
DM/sFr 59,– / öS 460,–
Bestell-Nr. 50237

Kouchner/Grunewald
Passion Klettern
Weltklasse-Kletterer bieten atemberaubende
Szenen dieser begeisternden Sportart.
128 Seiten, 88 Farb-Abbildungen, gebunden
DM/sFr 49,– / öS 382,–
Bestell-Nr. 50214

Dick Wirth / Jerry Young
Stehplatz am Himmel – Die Welt der Heißluftballone
200 Jahre Geschichte, Pionierleistungen, Rekorde,
Technik, Konstruktionen und die ganze Welt des Ballonfahrens heute – ein faszinierend illustrierter Bildband über diesen Sport, der Tausende in seinen Bann
zieht. Die Autoren berichten von Jahrzehnten stürmischer Vorwärtsentwicklung, von gewagten Pionierleistungen, großen Wettkämpfen und von beeindruckenden Rekorden. Ein ausführliches Register, Adressen
von Herstellern und Verbänden, Ergebnislisten aller
internationalen Meisterschaften runden das Werk ab.
168 Seiten, 360 Abbildungen, davon 150 in Farbe, geb.
DM/sFr 49,– / öS 382,–   Bestell-Nr. 50215

Petra Müssig
Snowboard basics
Training, Technik, Ausrüstung für
Anfänger und Fortgeschrittene.
132 Seiten, 42 Fotos, davon 19
in Farbe, 35 Zeichnungen, geb.
DM/sFr 39,80 / öS 311,–
Bestell-Nr. 50236

Christoph Schrahe
Ski weltweit
Der erste umfassende Reiseführer über die
250 schneesichersten und außergewöhnlichsten Skigebiete in allen Ländern.
224 Seiten, 237 Farb-Abb., 7 Karten, geb.
DM/sFr 49,80 / öS 389,–
Bestell-Nr. 50213

**DER VERLAG FÜR
SPORT-BÜCHER**
Postfach 10 37 43 · 70032 Stuttgart
Telefon (07 11) 2 0 30-65 · Telefax (07 11) 2 36 04 15

Darum in die Ferne schweifen

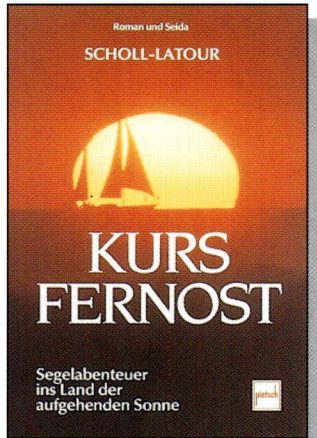

Roman und Seida Scholl-Latour
Kurs Fernost
Mit einer 9,35-Meter-Yacht von der Adria bis nach Südostasien.
182 S., 66 Abb., 60 in Farbe, geb.
DM/sFr 39,80 / öS 311,–
Bestell-Nr. 50168

Achill Moser
Kurs Thule – Im Kielwasser der Wikinger
Eine Umrundung Islands in fünf Monaten im offenen Faltboot.
168 S., 55 Farb-Abb., 10 Karten, geb.
DM/sFr 39,– / öS 304,–
Bestell-Nr. 50217

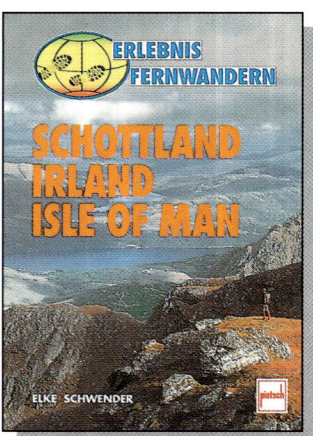

Herbert Mayr
Erlebnis Fernwandern: Schweden
15 Fernwanderwege und 30 Tagestouren in genauen Beschreibungen.
172 Seiten, 50 Abb., davon 45 in Farbe, 7 Zeichn., 7 Karten, geb.
DM/sFr 42,– / öS 328,–
Bestell-Nr. 50234

Elke Schwender
Erlebnis Fernwandern: Schottland, Irland, Isle of Man
Viele Routen mit handfesten Tips.
196 S., 61 Farb-Abb., 21 Kartenskizzen und Höhenprofile, geb.
DM/sFr 42,– / öS 328,–
Bestell-Nr. 50225

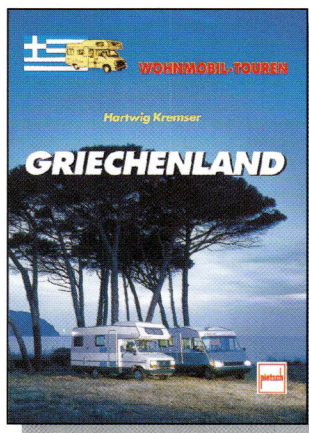
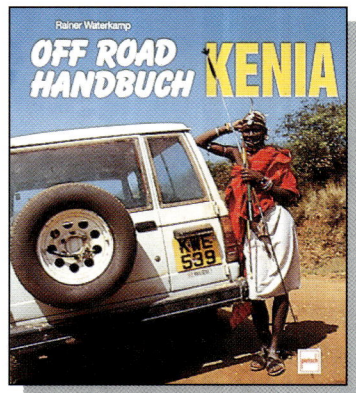

Hartwig Kremser
Wohnmobil-Touren: Griechenland
Sechs ausgewählte Touren durch Griechenland – von der Halbinsel Chalkidiki zur Südspitze des Peloponnes und auf die Insel Kreta.
208 Seiten, 96 Abbildungen, davon 60 in Farbe, gebunden
DM/sFr 42,– / öS 328,–
Bestell-Nr. 50226

Rainer Waterkamp
Off-Road-Handbuch Kenia
Von A wie Anreise bis Z wie Zahlungsmittel: Das wertvolle Handbuch mit ausführlichen Streckenbeschreibungen und exakten Kilometerangaben, alles zur Landeskunde, Tips zur Reisevorbereitung, wichtige Adressen.
176 Seiten, 75 Abbildungen, davon 60 in Farbe, gebunden
DM/sFr 49,– / öS 382,–
Bestell-Nr. 50201

Stand August 1995 – Änderungen in Preis und Lieferfähigkeit vorbehalten

Kai Ferreira Schmidt, **Fernreisen auf eigene Faust**
Alles zu Planung, Ausrüstung und Reisepraxis: Rund um den Globus bietet dieser Spezial-Reiseführer wertvolle Informationen zu vielen Zielländern, zu Formalitäten, Gesundheitsvorsorge, Reisevorbereitungen, Unterkünften, zu Land und Leuten und vielen weiteren Besonderheiten. Der Autor beweist aufgrund eigener Erfahrungen, daß Reisen in unbekannte Fernen auf eigene Faust keineswegs ein teures, nervenaufreibendes und riskantes Abenteuer sein müssen. Im Gegenteil!
304 Seiten, 68 Farb-Abbildungen, gebunden
DM/sFr 39,80 / öS 311,–   Bestell-Nr. 50171

DER VERLAG FÜR
MARITIM-/REISE- und WANDER-BÜCHER
Postfach 10 37 43 · 70032 Stuttgart
Telefon (07 11) 2 10 80-65 · Telefax (07 11) 2 36 04 15